JN093594

大恐慌と戦争に備えて

個人資産の半分を外国に逃がす準備を！

副島隆彦［監修］ 根尾知史［著］

Soejima Takahiko　Neo Tomoshi

推薦文

副島隆彦

いよいよ世界が、アメリカ発の大恐慌に突入しそうである。

3月10日に起きたカリフォルニア州のシリコン・ヴァレー・バンク（SVB）の破綻（コラプス）で、世界が騒（ざわ）ついた。ヨーロッパに波及して、クレディ・スイス銀行が破綻しそうになった。これらの銀行の連鎖倒産の危機は一旦は、終息した。各国政府が公的資金（税金）を投入して救済したからだ。だが、この事態の鎮静は、数ヶ月しか保（も）たない。

ニューヨーク発の金融市場の崩壊が迫っている。このことは、金融、経済の動きに関心のある人ならば、十分に察知していることである。

ウクライナ戦争も丸一年を越した。まだまだ戦闘は続く。たくさんの兵士、軍人が死ぬ。だが、その一方で一時的な停戦（シース・ファイア）の交渉の途（みち）が開かれた。中国が仲裁（ミーディエイション）することになる。

この度、私の弟子、根尾知史君が、本書『大恐慌と戦争に備えて 個人資産の半分を外国に逃がす準備を！』を上梓（じょうし）した。迫り来る金融恐慌と戦争の危機から逃れるために、ある程度の資産家（金持ち）だったら、自分の金融資産を海外に逃がすことを本気で考えるだろう。そのための対策と情報がこの本にたくさん書かれている。

金持ちは、何よりも自分と家族の命を守ることを考える。そのために、外国に高層住宅（タワー・レジデンス）を一戸確保しておくべきだ。いざとなって、外国に避難してもホテル住まいを何ヶ月も続けることはできない。だから外国に自分の住居を一つ確保しておくことは、今や富裕層の必須の知恵である。

大恐慌が起き、核戦争の危険が迫るとして、世界中で一体どこが一番安全か。自然災害（大地震）の可能性も否定できない。

どこが安全で安心できるか。それは東南アジアである。ここには核兵器は飛んで来ない。東南アジア地域（リージョン）は大国たちの激しい世界覇権（はけん）争いから外（はず）れているからである。

これらの観点からも、この本の情報価値はきわめて高い。購入をお薦めする。

2023年3月17日

副島隆彦

はじめに

これから「大増税」の嵐が襲いかかってくる。この本を手に取ったあなたに、日本で資産を保有するすべての人たちに、私はいま、はっきりと「警告」する。

国家は、日本政府は、あなたたちを守ってくれない。日本の資産家と経営者の資産をすべて調べ上げている。最後のびた一文まで残らず、どこまでもがむしゃらに召し上げる。資産家であれば、皆、ひしひしと感じているはずだ。

政府は「召し上げる」のである。「国家のために、社会の福祉のために、正しい納税をしましょう」ではない。もうそのような次元ではない。国民の収入や資産は、国家の官僚、政府のお役人たちにとっての「収入源」である。だから「税収」は「売上げ」だ。これだけはゆるがない真実だ。まさに「年貢」のことなのである。

国家は、あなたを助けてくれない。それどころか、政府は、あなたたちの資産からどれだけ「税金」を取り上げられるか、ということしか考えていない。国民の資産を使って「国家」や「政府」そのものを守る。「国民」を守るのではない。「国家体制」を守るのである。

いま話題の「防衛費の倍増」の財源も、支払うのは私たち国民である。「税金」であれ長期の「国債」（国の借金）であれ、よくよく考えれば同じことだ。

もしあなたが、今、「金」（ゴールドバー）を保有しているとしよう。ただそれだけで、政府から税金を取られることは、まだない。しかし、あなたは、金を買うときに納税の支払調書を提出させられる。あなたが不動産を保有していると、それだけで「固定資産税」を取られる。金も不動産も相続したときには、売って利益が出たわけでもないのに、そのときの時価で「相続税」を払わされる。誰もがこれで苦しむ。現金がないから借金をするか、せっかく引き継いだ資産を売り払って、税金を払わされる。

あなたが生きているだけで、「都民税」や「県民税」「市民税」などの「住民税」を取られている。それから、「社会保険税（料）」も、生涯とられ続ける。いったい政府は「何重課税」したら気が済むのか。

政府の役人、官僚たちは、あなたたち資産家の「収入」と「資産」に、寄生している。国家予算のおよそ3分の1は、官僚、公務員、政治家その他、あらゆる公務に就く政府職員たちの給料だ。自分たちでは、何も生産することができない。「お金」を創り出すことができる、というのはウソである。

だから本当は、政府は、ムダなことはいっさいやめるべきだ。「必要最低限」の仕事だけをするべきである。これを「夜警国家」という。

国家の役割は、国民の安全を守るガードマン、夜間警備員（夜警）くらい目立たないものでいい。国の治安を維持する最低限度の仕事だけでいい。国民生活の安全と社会の治安を守ることだけが仕事である。それ以外のことに、無駄に「税金」を使うな。官僚や公務員たちは、過剰なサービスを増やすな。

これが本当の「アメリカ建国の思想」である。この政治思想を「リバータリアニズム」（Libertarianism）と言う。アメリカ人というのは、本来、政府が巨大化し、巨大な福祉国家、巨大な軍事国家になって、そのために「重税国家」や「巨大借金国家」になることに徹底して抵抗する。これで、イギリスの植民地というくびきから脱出した。近代デモクラシーの独立共和政国家を建国した。

大動乱は日本にも及ぶ

しかし現在、アメリカのドルを中心とする「米ドル基軸通貨体制」は、世界からの信頼を急速に失いつつある。アメリカの世界覇権が、目に見えて崩壊し始めている。これが今、私たちの目の前で本当に起きている。このことを、この本の後半部分で書いた。これからあと数年で、「米ドル」が中心だった世界の金融システムが大転換を起こす。この3月10日に、アメリカで16番目（全4178行）のシリコンバレーバンクが「取り付け騒ぎ」を起こして倒産した。これが「終わりの始まり」だ。

だから、西側先進諸国のエリート権力者たちは「グレート・リセット」という言葉を使うようになった。そのために、「第3次世界大戦」も辞さない。「ウクライナ戦争」と、これから「台湾」で仕組まれる軍事衝突である。それを、アメリカが仕掛ける。いまもアメリカが「軍資金」と「軍備」（武器、兵器、傭兵）をウクライナに供給し続けている。だから、ウクライナ戦争はいつまでも終わらない。停戦交渉すらできない。

さらに火に油を注いでいるのはアメリカ政府である。アメリカは狂い始めている。だから、インドも中国も、ブラジルも南アフリカも新興大国の「ブリックス」（ＢＲＩＣＳ5ヶ国）もみな、ロシアに味方する。サウジアラビアやイラン、トルコなど中東の資源国も、東欧や中央アジア、東南アジア、南米の新興諸国も、どんどんまとまってロシアを支援している。

「戦争」が始まると、「生活」の破壊と「人命」の犠牲が始まる。「資産」が奪われるどころではない。政府は、物理的な人間の「身体」や家や街や都市まで、私たちの「生活環境」そのものを奪い取る。

「戦争」をするのは「国家」である。しかしその遂行資金は、私たち国民の資産である。そして、戦うのも、私たち国民である。政府は、「人命」までも、私たちから奪い取る。これが「戦争」である。

あなた自身にも、あなたの子供にも、あなたの孫たちにも、「徴兵令」は必ず届く。自衛隊だけが戦って、私たち日本国民を守ってくれる、のではない。あなたとあなたの子供たちと孫たちが自衛隊と一緒に、「国民兵」の1人になる。

すでにウクライナでは、18歳から60歳までの、すべての男性ウクライナ国民に「徴兵令（ドラフト）」が届いている。しかもこれを決めたのは、昨年２０２２年2月24日の「開戦」の日である。ゼレンスキーがこの総動員令に署名した。

だから、これを逃れようとして、大量のウクライナ人がウクライナから出国しようとした。スーツケースのなかに隠れたり、女装までした者もいた。しかし、すべて捕まって、家族と引き離され、ウクライナ国内に連れ戻された。そのまま、軍事訓練に送り込まれた。

だから私たちは、甘い考えで、テレビやインターネットの、「反ロシア」の偏ったニューズ報道ばかりを見て鵜呑みにしてはいけない。日本から８０００キロも離れた地球の裏側の遠い国の戦争ではない。次は日本が、同じ目に遭う。

日本は、アメリカと中国の大きな対立の間に位置している。アメリカと中国が台湾をめぐって戦争を始める。そのときに必ず巻き込まれる。ウクライナ人と同じように武器と軍資金だけ渡されて、アメリカの代わりに、中国と戦争をさせられる。

どうして、アメリカや政府のために、私たち国民が犠牲にならなければならないのか。もっとじっくりと、私たち日本人は熟考するべきである。

地球上で最も安全な東南アジア

だからこれは、私からの「緊急提言」である。東南アジアの国々は、「いまの地球上で最も安全で平和な地域（リージョン）」である。東南アジアは、世界で唯一、どこからも核ミサイルが飛んで来ない。大国同士の戦争に巻き込まれない。それが「東南アジア」なのである。戦争による世界的な大破壊から、最も遠く離れているのが、「東南アジア」の国々なのである。

東南アジアは、中国ともアメリカとも、両方を天秤にかけながら、適度に距離を保ちながら上手（じょうず）に付き合っている。欧米西側が遂行（すいこう）するウクライナ戦争にも深く関わっていない。

東南アジアは、このきな臭い世界情勢のなかでも、特別に平和である。私は、昨年2022年6月に、コロナ規制が緩和されてから初めて、タイの首都バンコクへ渡航した。そのあと、本年の3月までに、タイとシンガポールそして香港へ、すでに合計で9回、訪問した。

だから私は、コロナ明けの、今の最新の東南アジアの現地の空気を、身体で体感している。東南アジアの国々は、政治的にも経済的にも、今とてもしっかりとまとまっている。アメリカとロシアの戦争である「ウクライナ戦争」にも振り回されていない。東南アジアの国々は、いまの地球規模の動乱のなかでも、平和に団結している。

日本や欧米の西側先進国は、「コロナ給付金」のバラまきと資源の高騰（こうとう）で「超インフレ」を起こしている。経済がどんどん衰退している。東南アジアの国々は、そのなかでも経済成長を続けている。地球上でも、稀有（けう）な場所になっている。

日本人はまだ、東南アジアの「知られざる実力」に、気づいていない。東南アジアには、大量の天然資源が眠っている。食料資源の生産力も世界トップレベルである。経済成長を続ける7億人もの人口がいる。何よりも、日本人にとって最も重要なことは、東南アジアの国々は、根本的に「親日（プロウ・ジャパン）」である。これは大切な事実である。日本人は、アジアの人たちから尊敬されているのである。日本人が知らないだけだ。

タイとマレーシアは、あと5年で「先進国」になる。シンガポールという特殊な都市国家を除いて、東南アジアで初めてである。もうすでに、タイの首都バンコクなど大都市では、ホワイトカラーのビジネスマンとして働くタイ人の給料は、日本人とほぼ同じレベルにある。

タイの先にはベトナムがある。マレーシアもある。ベトナムの対岸には、フィリピンがある。さらに、マレー半島の先端には、すでに２００７年に経済レベルで日本を追い抜いたシンガポールがある。

そこからさらに、マラッカ海峡を越えてインドネシアまで続いている。さらにその先はオーストラリアであり、その先が、欧米白人の最後の「理想郷（ユートピア）」と話題のニュージーランドがある。

タイやベトナム、フィリピン、インドネシアは「農業の国」である。そして、マレーシアとインドネシア、そしてフィリピンは「資源国」でもある。自国で天然ガスや石油、その他の重要な天然資源を産出する。

ウクライナ戦争によって、エネルギーと食料の価格が急騰（きゅうとう）した。「燃料危機」と「食糧危機」が、同時に世界で引き起こされている。ヨーロッパやイギリスでは、電気やガス料金が数倍になって、ヨーロッパ人たちは、あっぷあっぷしている。

日本でも、あらゆる業界の製造現場が、原材料費と燃料・光熱費の急騰で激しく圧迫されている。

マレーシアの自国内では、ガソリン代は、今でも日本の半額である。

タイではタイ米（ジャスミンライス）が、品質改良されてとてもおいしくなっている。１９９０年代に日本人が食べさせられた、あの「臭いタイ米」のイメージを、改めるべきである。

それから、マレーシアの天然ガスは、２０１１年の東日本大震災で、日本中のすべての原発が一斉に停止されてから、輸入され続けている。日本国内の火力発電のためである。日本のマレーシアからの天然ガスの輸入量は８７５万トンで、オーストラリアに次いで2位、全体の14パーセントを占める（２０２１年）。日本の発電の大きな部分が、マレーシアからの天然ガスでまかなわれている。

さらに、東南アジアの国々には、中国から流れ出る開発資金や技術、情報がどんどん注がれている。この事実も、これからの世界情勢を乗り切るうえで、非常に重要だ。

東南アジア諸国は、今まさに、インドネシアを先頭に、中国を中心とする新しい世界の経済グループである「新Ｇ８」のメンバーに組み込まれている。

「新Ｇ８（ニュージーエイト）」とは、ブラジル、ロシア、インド、中国、というブリックス（ＢＲＩＣＳ）のなかの4大国。それから、東南アジア最大の経済力（ＧＤＰ）を誇るインドネシア。中東で最もＧＤＰが大きいイラン、それからトルコ。そして、中南米で着実に成長を続ける人口１億２６００万人の経済大国メキシコである。「新興の経済大国8ヶ国」のことである。

これらの国々は、購買力平価（ＰＰＰ）で計算し直した実質の「ＧＤＰ」（国内総生産、グロス・ドメスティック・プロダクト）で、すでに欧米諸国を抜いている。本当である。驚くべきことだが、これは事実だ。欧米や日本のメディアは、恥ずかしくて、嫌がって、取り上げない。

しかしこれは、私たち日本にとって、とても重要な事態である。

資産の半分を東南アジアへ移す

だからいまこそ、「東南アジア」へ、あなたの資産の半分を移すべきである。日本から一番近くて、資源が豊富で、平和で安全である。世界の戦争にも巻き込まれない。東南アジアの国々は、いまのこの世界的な大不況のなかでも、着実に、経済成長を続けている。「健全な成長インフレ」が続いている。

それから、タイとマレーシアには「地震」がない。「原発」もない。「台風」も来ない。この2国にとって、とても重要な利点だ。

あなた自身とあなたの家族も、日本で何かあったら、さっと移れるようにしておくべきである。「戦争」が始まったら、国家は容赦しない。東南アジアにすぐ家族で逃げられるように、「準備」だけはしっかりとしておくべきだ。

日本国籍まで捨てなくてもいい。日本のパスポートは素晴らしい。しかし、外国でしばらく過ごせるように、海外に不動産を1軒、確保しておくべきである。購入してもいい。そうすると、他人に貸すことで家賃も入る。あるいは、「サービスアパートメント」といって、長期滞在用の上質のコンドミニアムが、タイやマレーシアの大都市にはたくさんある。家具や家電から食器まで揃っている。週2~3回の掃除とタオル、シーツの交換もしてくれる。着替えだけを持っていけば、数週間でも数ヶ月でも、そこで暮らせる。

今すぐ逃げなくてもいい。しかしいつでも逃げられる「下調べ」と「備え」をしておく、ということである。万が一に備えて、自分ができる限りの準備をするということだ。

私たちは、政府に頼り、政府に依存するように洗脳され続けている。誘導されているのだ。そろそろ自覚するべきである。

もうこれからは、政府の「補助」を当てにしない。どうせ私たちの「税金」である。政府にたかるような生き方は、間違いである。

私は、前作に続いて、同じスローガンを繰り返す。自分のできる限りで、どんどん「資産保全」のために動き続けるべきである。

「戦争」と「大恐慌」という歴史的な「世界動乱」が、今、私たちの目の前で同時に起きている。だから、日本政府による国民の「個人資産」への強奪は、すでに始まっている。これからさらにエスカレートする。私たちの人生に、直接に降りかかる。急いで備えるべきである。

『大恐慌と戦争に備えて 個人資産の半分を外国に逃がす準備を！』目　次

第２部　迫り来る世界大恐慌

装丁・泉沢光雄
帯写真（バンコク）・ゲッティイメージズ

第1部

東南アジアで資産を保全する

“危機”が起きたら東南アジアに避難する

東南アジアこそ、いま急速に深刻になりつつある「天然資源」と「食糧」の危機に対する解決策だ。地政学的にも、重要な場所である。日本人が「第3次世界大戦」の戦火の時代を生き延びるためのサプライチェーンである。「資源、食糧、生活物資、居住地」を供給してくれる重要な戦略拠点になる。なおかつ、東南アジアのほとんどが「親日国」（プロウ・ジャパン）である。縮小する日本の市場を出て、日本企業がこれから進出するための「消費マーケット」だけではない。

これから日本では、本当に何があるか分からない。嫌な雰囲気が、ただよっている。だから、いざというとき、さっと日本を出られるように準備をするべきだ。不動産を外国に一軒、持つべきだ。あなたとあなたの家族が、東南アジアへ急いで避難しても、ホテルにずっといる訳にはいかない。最初の数日はホテルでもいい。しかし、家族でホテルに長いこと泊まることはできない。長期滞在できるような自分の住居が必要である。場所はタイやマレーシアの首都がいい。バンコクやクアラルンプールの中心街である。郊外の住宅地などいきなり住むべきではない。日本人は「外国人」である。いわゆる「リゾート地」も海外生活には

東南アジアで、“ゆったりと”避難生活をしたいのであれば、タイの「サービスアパートメント」がベストである。

家具も家電もキッチンには食器もそろっている。シーツとタオルは週3回の部屋掃除で交換してくれる。バスタブがあるのも日本人には嬉しい。75平米2LDKで、清掃サービス付き月65,000バーツ（25万円）。

受付は24時間でセキュリティも高い。

日本からしばらく、家族ごと避難できるように準備をしておくべきだ。日本国内で新しい「危機」や「緊急事態」が起きたときに、さっと国外へ出て、海外でしばらく、日本の混乱の状況を見ながら暮らせるよう準備をする。日本の資産家や経営者層には、必須の備えである。「サービスアパートメント」も何件か訪れて、部屋を内覧させてもらう。気に入った物件に目処をつけておくこと。

向かない。旅行ならいい。暮らすのには不便である。

経済が成長する国の不動産は、その価値もじわじわと上がっていく。これが、経済成長にともなう「健全なインフレ」である。だから、東南アジアの不動産は、あなたの資産の一部になる。価値が保全できる。立派な「実物資産」の1つである。

タイでもマレーシアでも都心の上質のコンドミニアムの維持費は、100平米の物件で毎月約2〜3万円かかる。これはオーナー（所有者）側が払う。賃貸人（テナント）ではない。あるいは、数週間でも数ヶ月でも暮らせる、お気に入りの「サービスアパートメント」を確保しておく。

「サービスアパートメント」とは、部屋の掃除やシーツやタオルの交換サービスが付いたアパートメントである。賃料にこのサービスが週2〜3回分、含まれている。

部屋には最初から「家電」と「家具」が一式揃(そろ)っている。洗濯機も冷蔵庫もシステムキッチンも付いている。1回300バーツ（約1200円）くらい払えば、洗濯やクリーニングも頼める。ベッドやソファ、テーブルなど家具類も、テレビや電子レンジなどの家電も装備されている。キッチンには、食器やフライパンなど調理器具、ナイフやフォーク、皿などの食器やコーヒーメーカーまで揃っている。

だから、1週間分くらいの「着替え」だけをスーツケースに詰めて、現地に行くだけでい

「タイ視察ツアー」では、タイで長期滞在をする専用の物件を訪れる。長期滞在や駐在する日本人の生活実態を体感できる。

タイのバンコク市内には、「日本人地区」と呼ばれる地域がいくつもある。そこは、日本企業の駐在員やリタイアメントや長期滞在で暮らす日本人が多い。日本人向けの居酒屋やレストランやスーパーがたくさんある。あらゆる種類の店に、日本語の看板や料金表がある。
日航ホテル（Hotel Nikko）もあるスクンヴィット（Sukhumvit）のアソーク（Asoke）やトンロー（Thong Lo）という地区は日本人にとても住みやすい。活気がある「下町風情」で、楽しく暮らせる。こうした現地調査が重要だ。

い。こうした物件とその設備やサービスは、実際に現地で視察することができる。周辺の地域や、街の様子もその土地を訪れてしっかりと見て歩くべきである。

私が経営する会社では、「タイ視察ツアー」を開催している。タイで長期滞在するために、専用の物件を訪れて下見をする。いろいろなグレードや広さの部屋がある。何件も、あれこれ見て回るべきだ。バンコクの中心部で暮らす日本人の生活実態や環境を体感できる。

タイのバンコク市内には、「日本人地区」と呼ばれる地域がいくつもある。そこには、日本企業の駐在員やリタイアメントして長期滞在で暮らす日本人がたくさんいる。タイに住む日本人は3万人と言われるが、本当は10万人くらいいるようだ。だから、日本人向けの居酒屋やレストランやスーパーがたくさんある。納豆や醤油や牛乳など、日本のものをちゃんと売っている。あらゆる種類の店に、日本語の看板や料金表がかかげられている。日本語で話しかけても、片言の日本語で一生懸命に対応してくれる。

日航ホテル（Hotel Nikko）がある「スクンヴィット（Sukhumvit）」地区の「アソーク（Asoke）」や「トンロー（Thong Lo）」という駅の周辺地域は、日本人にはとても住みやすい。活気がある「下町風情」で、楽しく暮らせる。

こうした現地調査が重要だ。日本人が外国でどうやって暮らしているのか、実感するべきである。

東南アジアの国々には相続税がない

タイやマレーシア、その他の東南アジアの国々には「相続税」がない。いや、世界に全部で196ヶ国あるなかで、相続税がある国はたったの44ヶ国しかない。

すべての税金は「悪」である。しかし特に、「相続税」は悪税である。死んだことを口実に、それまで築き上げた資産の半分以上を、国が奪い取っていく。

「国家の宝」である能力のある経営者や地元の有力者である地方の資産家など、守るべき国民のリーダーたちから、相続税は、すべての資産を没収する制度である。これが真実だ。世代が変わるごとに、半分、半分と取り上げる。だから、その資産家や経営者の一族は、3代ですべてを失うことになる。

どうして死んだだけで税金を取られなければならないのか。何の説明もない。この資産家いじめのひどい税制が相続税だ。だから、これを実施している国は本当に少ない。

東南アジア諸国だけでなく、オーストラリアにもニュージーランドにも、中国にもインドにもロシアにも、中東の資源諸国にも、そのような理不尽な税制はない。

タイやマレーシアやアラブ諸国は、王族が力を持っている。代々、財産を引き継いで行くから、その国の王族として家柄が続くのである。それを、代替わりのたびに取り上げていったら、お家断絶の大問題になる。だから、相続税は決して実行されない。

日本にも明治時代（１８６８〜１９１２）の終わり頃まで、相続税は無かった。これは重大な事実である。政府、財務省の官僚たちはこのことを言いたがらない。隠しておこうとする。

日本の相続税こそまさに、戦争期間中だけの特例という「期間限定の約束」で始められた税制である。「日露戦争」（１９０４〜１９０５）の戦時経済体制を支えるために設定された。しかし、１２０年経った今でも、約束は守られていない。止められなくなっている。それどころか、もっとさらに酷くなっている。

１９０４年に始まった日露戦争の戦費をまかなうために、一定額以上の「家督相続」（その家の戸主の地位と財産を長男が丸ごと譲り受ける）と「遺産相続」を受けた国民に対してだけ課した。しかし、相続した資産額の１・２パーセントから１・７パーセント程度であったそうだ。恐るべき真実だ。

さらに、「相続税の課税による相続財産の「侵蝕」を防止し、納税者の「苦痛」を緩和する」ことを目的として、支払いには最長3年間の年賦延納（分割年払いや期間延長）が認められていた。

国税庁が自分たちのウエブサイトで書いている。じっくり読みに行ってください（「【第七巻】相続税関係史料集～導入から昭和二十一年まで～（全６７５頁）解題一 相続税の導入」https://www.nta.go.jp/about/organization/ntc/sozei/07sozoku/kaidai.htm）。

日本には、国民の「人権」を守るための立派な憲法がある。「財産権」は、人権のなかでも重要な権利である。だから、どんな「税法」であろうと、国民の「人権」が侵害されていたら、「憲法」が機能して、違法であるからそれをやめさせなければならない。ところが現実はそうなっていない。

東南アジアには食糧と天然資源がある

タイは、東南アジア（ＡＳＥＡＮ アセアン、東南アジア主要10ヶ国）で最大の食糧輸出国である。タイの米の輸出量は、世界で第2位である。3位のベトナムと争う。コメの生産量では、同じ東南アジアでインドネシアのほうが、タイやベトナムより多い。

ちなみに、世界で米の輸出量が最も多いのはインドである。戦後、米ロックフェラー資本によって「緑の革命」を施（ほどこ）されたからだ。

タイは、仏教国で宗教の対立問題もない。王室の権威が強すぎると言われる。しかし、王族の独裁政権ではない。タイ国民は王様を中心にまとまっている。王族は尊敬されている。日本と同じように王国（おうこく）の歴史がある。日本と同じ立憲君主政（コンスティテューショナル・モナーキー）の民主政治体制（デモクラシー）の国である。

タイには、世界のコメの輸出の13パーセントを占める米の生産能力がある。

タイ米は本当に美味しくなった。私たちは、１９９３年の日本の冷夏で、米不足で食べさせられた「臭いタイ米」という、失礼なイメージがある。

もうそんなことはない。あれから30年である。その間に、タイの人々はすっかり洗練された。日本人と同じ服を着て、女性は同じように綺麗だ。日本の寿司屋でもしゃぶしゃぶでも、何でも輸入して食べている。ユニクロだって、資生堂だって、日本で人気のラーメン店だってたくさんある。タイまで、おいしいタイ米のタイカレーやガパオライスを、ぜひ食べに来るべきである。

天然ガスや石油などの天然資源も、タイとその南にあるマレーシア、インドネシアでたくさん採れる。中国によるパイプラインと高速鉄道が、すでにマレー半島の東南アジアの国々に張り巡らされている。中国の「一帯一路」の世界物流・経済開発のネットワークに組み込まれている。だから東南アジアには、エネルギー供給のサプライチェーンが、着々と整いつつある。

東南アジアという場所は、これからの日本にとっての「ライフライン」となる。

タイは、東南アジア（ASEAN）で最大の食糧輸出国。タイの米の輸出量は、世界で第2位、3位をベトナムと争う。コメの生産量では、同じ東南アジアでインドネシアのほうがタイやベトナムより多い。

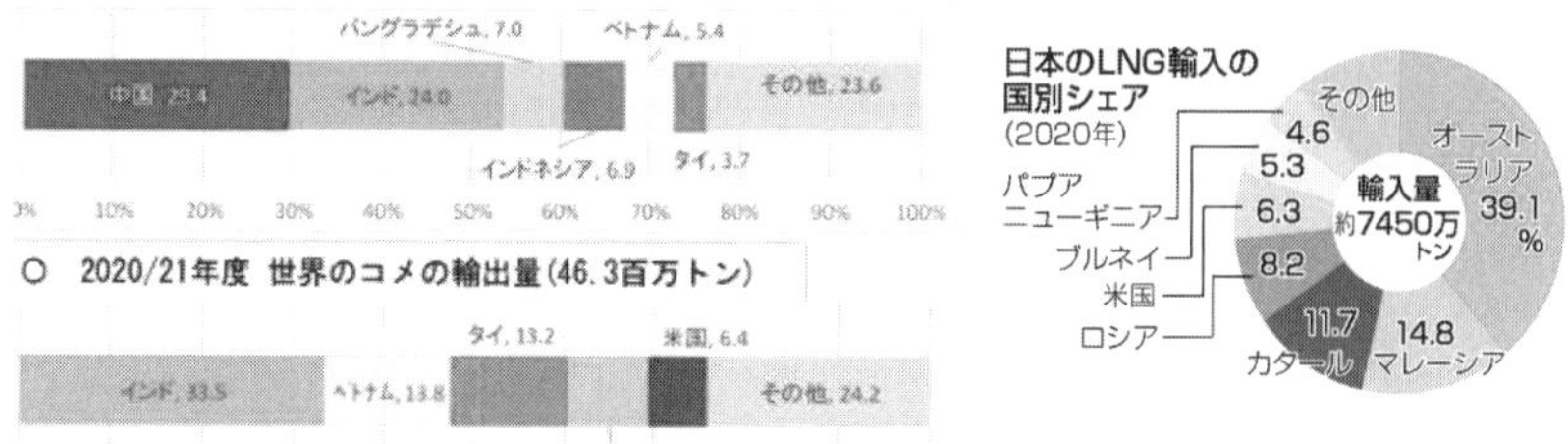

日本は、天然ガス（LNG 液化天然ガス）を、オーストラリアに次いでマレーシアから、大量に輸入している。

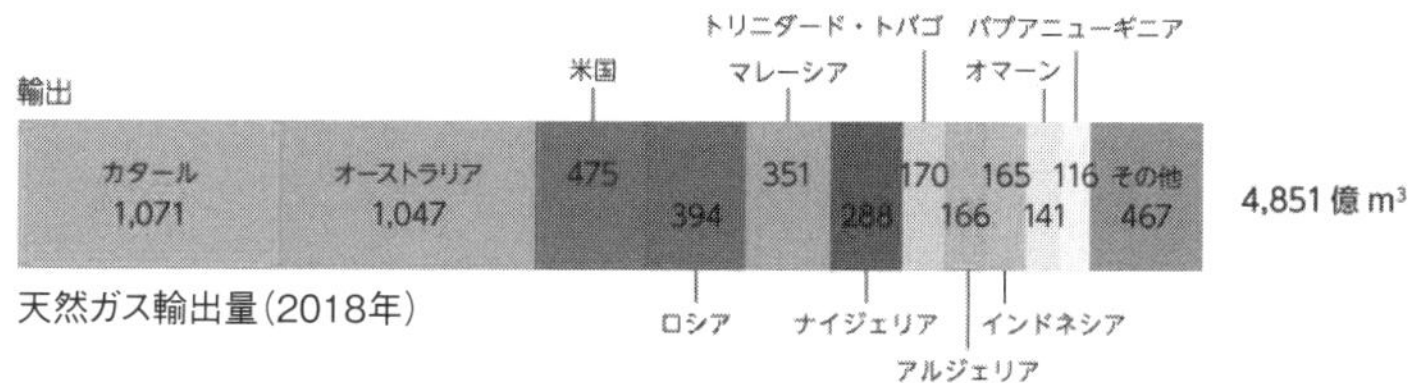

天然ガス輸出量(2018年)

東南アジアこそ、いま急速に深刻になりつつある「天然資源」と「食糧」の危機に対する解決策だ。地政学的にも、重要な場所である。なおかつ、東南アジアのほとんどが「親日国」（プロウ・ジャパン）である。日本が「第３次世界大戦」の戦火の時代を生き延びるための「資源、食糧、生活物資、居住地のサプライチェーン」として、重要な戦略拠点になる。

実は、最近あまり話題にならなくなったが、タイ南部のラノーン県とチュムポーン県には、「クラ地峡」というマレー半島の裂け目がある。マレー半島がくびれて陸地部分が細くなっているエリアである。そこを横切るクラ川を、さらに幅を広げて川底を深くするために掘削することで、大きな運河を造ることができる。

これが「クラ地峡のクラ運河」プロジェクトである。タイ政府は、中国との共同開発の形で、今でも進めている。このクラ地峡（クラ運河）が開通すると、中東からの石油やその他ヨーロッパや中央アジア、インドから来る資源や製品が、マレー半島の南端にある、マラッカ海峡までぐるっと遠回りしなくても良くなる。マラッカ海峡は、マレー半島の南西を横切る。その対岸がインドネシアのスマトラ島である。そのあと、シンガポールの南側に出る。シンガポール海峡である。

だから、インド洋からくる貨物船が、マレー半島のもっと上のクラ地峡で、そのまま南シナ海に抜けることができるようになる。

マレー半島を抜けると、すぐベトナムとフィリピンがある。ベトナムとフィリピンは、ちょうど同じくらいの発展段階である。経済レベルもよく似ている。人口も、ベトナムは、9851万人（2021年）、フィリピンも1億1389万人（2021年）で、働き盛りの若い人口が、まだまだたくさんいる。元気に国の経済成長を支えている。一方、タイが670

タイは、タイ南部クラ地峡の「クラ運河」の建設プロジェクトを、いまも中国との共同開発で進めている。

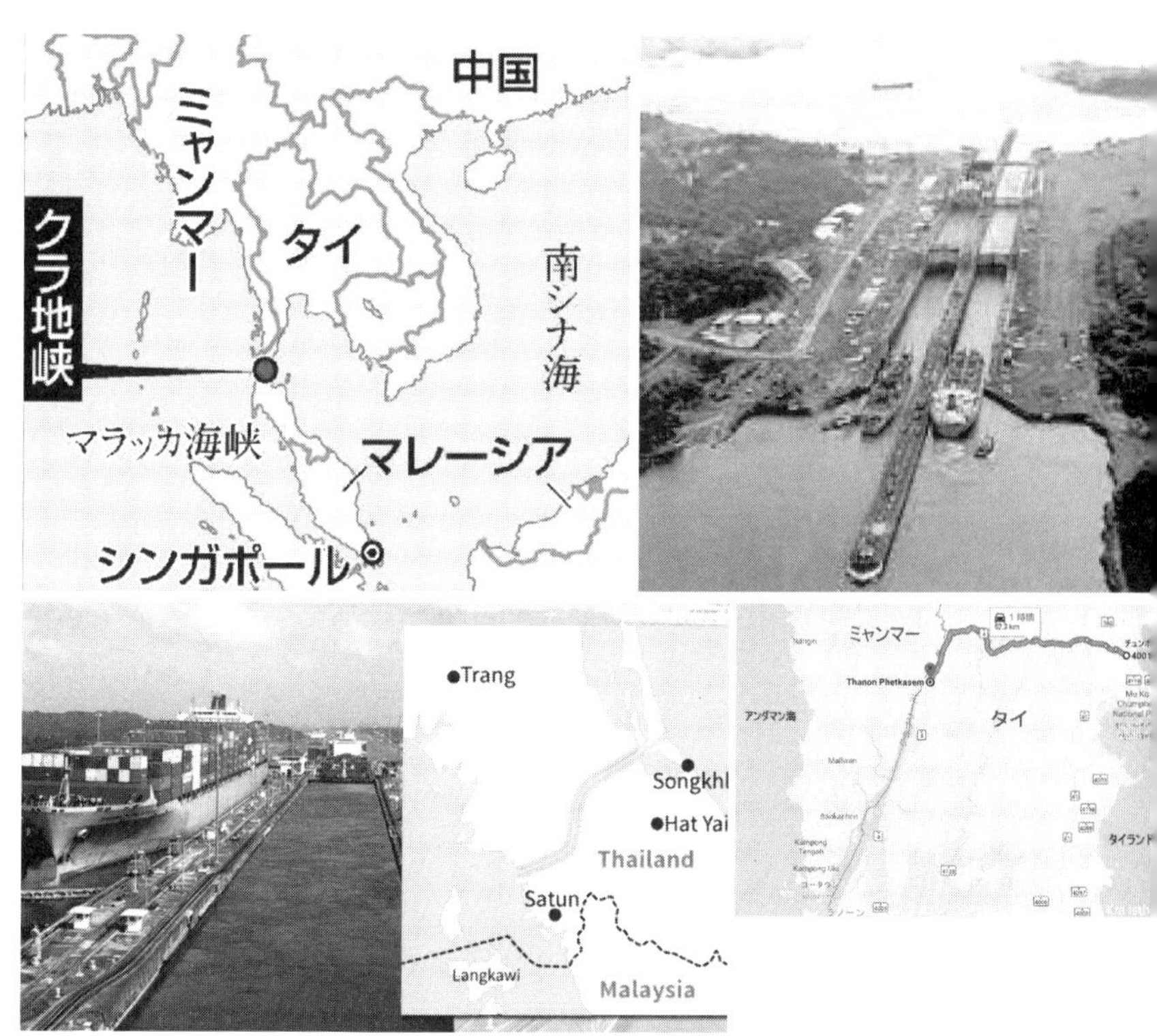

「クラ運河」が開通すると、マレー半島の南端とインドネシアのスマトラ島の間を抜けてシンガポールにいたる「マラッカ海峡」まで、ぐるっと遠回りをしなくて良くなる。中東からの石油やヨーロッパや中央アジア、インドからくる資源や製品を、貨物船がタイ南部を横切り、そのまま南シナ海に抜けられるようになる。これは中国にとって最重要のエネルギー安全保障の戦略だ。マラッカ海峡は日本にとっても重要である。

０万人、マレーシアが３３００万人である。

ベトナムは、タイと米生産量を争う世界5番目の米生産国である。一方のフィリピンでは、これから世界で需要が増える天然資源のニッケルやコバルト、クロム鉱石、マンガンなどが採掘される。

日本は、天然ガス（LNG液化天然ガス）を、オーストラリアに次いで、マレーシアから、大量に輸入している。その次が、中東のカタールからである。4番目にロシア産の天然ガスを、今でも買い続けている。

だから、「食糧」と「天然資源」は、ASEAN（アセアン）（東南アジア諸国連合）の10ヶ国で、お互い融通し合って、団結して、ひとつの連邦国家のようになればいい。すると、全人口が7億人（正確には6・7億人。まだ増えている）の巨大な国家連合ができる。「ASEAN連合」である。「欧州連合」（EU、総人口4・7億人。減り続けている）のように、通貨も統一すればいい。

その中心は、東南アジア最大の国、インドネシアである。インドネシアには、現在2億８０００万人もの国民がいる。先に書いたとおり、経済規模でも断トツである。世界の経済力の順位でも、「購買力平価（こうばいりょくへいか）」で計算し直した「GDP」（国内総生産）のランキングでは、堂々の世界第7位である。「購買力平価」で計算し直した真実のGDPについては１５８ページで解説した。

それから、シンガポールが、「東南アジア」のASEAN連合のなかに含まれる。これは、重要である。アジアの先進国をめざす東南アジアの国々にとって、シンガポールという国は最高のお手本である。

暑苦しくて湿気が多い、熱帯雨林と沼地しかなかった赤道直下の小さな島国であった。それがたったの40年間で、世界が認めるだけの、安全で近代的で、最も治安が良い国になった。経済・財政状況も抜群の国に発展した。これが20世紀の、第2次世界大戦の後の東南アジアで出現した。この事実が本当はものすごいことなのである。中国の経済発展を成功させた鄧小平（1904～1997）も、シンガポールを築き上げたリー・クアンユー（1923～2015）から、経済開発のやり方をいろいろと教わった。そして、今の中国の巨大な勃興がある。

歴史的な、ヨーロッパの「都市国家」はすべて、最先端の商業都市として、大繁栄をしている。小国でありながら、他のヨーロッパの大国が成し遂げられなかった経済発展のイノベーションを起こした。古代ギリシアのアテナイ（アテネ）に始まり、15世紀イタリアのフィレンツェしかり、ドイツ北部バルト海沿岸のハンザ都市同盟、スペイン帝国からの独立を戦い抜いたオランダのロッテルダムもそうである。

必ず商業や貿易や金融取引の拠点となった。その時代の世界的な交易の重要な中継地点（ハブ）になってきた。だから、物と金（かね）と人と事業、そして情報が集まった。大国の政府に頼らなくても、政治的にも自立できる。これが、国王や帝国政府の干渉を受けない、独立の小国家に成長する。それが「都市国家（シティ・ステイト City-State ）」である。自分たちで法律をつくり指導者を決めて、自治（じち）を始める。

20世紀になって、この超コンパクトで効率的な国家システムである「都市国家」を復活させて成功しているのが、シンガポールやドバイ、香港、スイスである。まさに、本書のテーマである「高級品の実物資産」を扱う「フリーポート」（自由貿易港）だ。あらゆるものの中継拠点（ハブ hub ）としての機能を、国家の中心事業とする小国家である。

“コロナ明け”初めてのタイ。スワンナプーム国際空港は活気にあふれていた！

昨年、2022年の6月24日（土）の朝、タイのバンコクから、私は、無事に帰国した。ついに約2年半ぶりで、「ワクチン接種なし」で、海外へ渡航することができた。タイは、2022年6月から、東南アジア、東アジアで初めて、ワクチン未接種でも外国人旅客を検疫・隔離無しで受け入れ始めた。

このときはまだ、世界的にもちょうど「コロナ明け」が始まったばかりであった。人々は、恐るおそる、海外へ出かけ始めたところである。それでも、タイの空港は、欧米白人から中東のイスラム系の人たちやインド人、他のアジア人たちもいて、外国人客でそこそこ混雑していた。かなりの活気を取り戻していた。

この時点ではまだ、飛行機に乗る直前の3日以内に、日本で「RT－PCR検査（唾液か鼻綿棒で判定）」を受けさせられた。英語の「陰性証明」を持参する必要があった。その写メを撮って画像を、タイの移民局の専用ウエブサイトに、入国する3日以内にアップロードする。画像を提出すると数時間で、スマホに「タイランドパス（Thailand Pass）」というQRコードが届く。

この英文陰性証明書の「原本」は、空港のチェックインや出入国の審査の際に、うっかり渡してしまわないよう注意が必要だった。今ではスマホでPDF画面かアプリを見せればOKである。検査料は、英文の陰性証明の代金を含めて1回3万円、即日で検査結果を受け取りたい場合は、さらにプラス1万円で4万円だった。現金払いのみである。医者のボロい商売だと思った。が、「今だけ」の期間限定で、儲けようという姿勢は、商売としては当然である。

タイから日本へ帰る飛行機に乗るときも、3日（72時間）以内に受けたPCR検査の「陰性証明」を見せなければならない。タイの大きなハブ空港であるスワンナプーム国際空港にも、ＰＣＲ検査場がいくつか設置されていた。出入り口のすぐわきにある。タクシー乗り場や車止めロータリーのだだっ広いスペースに、プレハブで作られていた。

そこに大行列ができていた。並んでいたのは、自国へ帰る韓国人と日本人、日本へ旅行に向かうタイ人がほとんどだった。この順番待ちで30分くらいかかった。ＰＣＲ検査は、綿棒で鼻をグルグルされるだけで１分で終わる。その後、検査結果と陰性証明書待ちで、さらに30分待たされた。

これが、１回２９００バーツ、超円安で１バーツが３・８円くらいしたから、１１０００円だった。検査をやっているタイ人のお兄さん、お姉さんたちは、医療に従事するような人たちには見えなかった。やはり、こういう「検査１回、数万円、現金のみ受付」というのは、ほんとうに世界共通のボロい商売だ。

私の「コロナ明け」初めての、海外渡航は、２０２２年６月22日の正午に成田空港を出発した。６時間半のフライトであった。タイには、現地の時間で午後４時30分に着いた。タイには、日本と２時間の時差がある。日本との時差が１時間のマレーシアやシンガポールと、経度はほぼ同じである。本当は、タイの時間設定のほうが正しい。経度では２時間の遅れがある。シンガポールとマレーシアは、無理やり香港やフィリピンと同じ標準時間に合わせて

どこの国からでも、日本へ向かう国際線の飛行便に乗る際は、必ずPCR検査をさせられる。「陰性証明書」か「ワクチン（３回以上）接種証明」がないと、日本には帰れない。

タイのスワンナプーム国際空港に設置された PCR 検査会場。昨年８月頃はまだ、検査まで 30 分以上待たされた。今はガラガラ。

成田空港に設営されたコロナ対策用の入国手続き会場。「マイSOS」のアプリは義務ではない。しかし繰り返しダウンロードするよう言われる。アプリの登録だけで1時間かかる。

日本に再入国するためのワクチン証明は、「３回以上」の接種が必要。２回だけワクチンを打った人たちは、結局、行列に並んで「PCR 検査」を受けなければならない。

「これなら、ワクチンを打たなければよかった」と怒った人も多い。ワクチン２回と３回に、何か違いがあるのか。

いる。その理由は、マレーシアが横長の国で、右半分のボルネオ島の標準時間のほうに全国時間を統一したから、という話がある。

無事、定刻どおりタイの首都バンコクにあるスワンナプーム国際空港に到着した。タイの空港では、入国の手続きは、ほとんどコロナ以前と変わっていなかった。さらに、「入国カード」の記入がいらなくなっていた。楽になった。今までと違ったのは、入国ゲートでＰＣＲ検査の陰性証明を見せることと、タイ政府から送られて来た「タイランドパス」のＱＲコードの画面を、パスポートと一緒に見せることだけであった。特別な検査も、荷物チェックさえもなかった。

以前からそうであるが、タイの入国ゲートや税関では、荷物を検査されることはいっさいない。つまり、持ち込みはフリーな状態である。これはコロナ危機の前からずっと同じだ。2年半前の、コロナ以前までのタイ空港の雰囲気と、変わっていなかった。むしろ、どうぞ、そのままお入りください、という、コロナ明けで「外国人観光客ウエルカム」の、歓迎ムードであった。

7月の初旬には、これらの規制も撤廃された。いっさいの規制も条件も無しで、入国できるようになった。タイが一番早かった。タイ政府は、賢かった。

一方、日本からの出国も、成田空港での飛行機への搭乗までの手続きは、何の検査も障害

タイでは入国ゲートも税関も、荷物を検査されることはない。持ち込みはフリーな状態である。

成田国際空港の荷物検査は、「コロナ明け」早々で人も少なかったので、のんびりムードで、ゆったりとした状況だった。

3年前の、コロナ前のタイ空港の雰囲気と変わっていなかった。むしろ、「どうぞ、どんどんお入りください」という、コロナ明けで、外国人観光客ウエルカムの歓迎ムードであった。日本からの出国も、成田空港で持ち物チェックも、厳しい検査もなかった。今のこのタイミングで、どんどん海外へ資産を持ち出して、「リスク分散」のための準備をするべきだ。

も、持ち物チェックも、厳しい検疫もなかった。以前どおりスムーズに搭乗ゲートまで来ることができた。

成田国際空港は、まだまだ人が少ないためか、飛行場の人員もどこものんびりムードであった。人も少なくて静かで、ゆったりした状況であった。

今のこのタイミングで、どんどん海外へ資金を持ち出すべきだ。コロナ明けの賑(にぎ)わいのどさくさのなかで動くべきである。いずれまたおかしな規制強化が始まる。イヤな予感もする。

とにかく、この2年半ぶりの、コロナ明け初の海外渡航で、私は「何を言われるか」と身構えていた。それだけに、かなり拍子抜(ひょうしぬ)けした。日本からの出国もタイへの入国も、ほぼ従来どおりのスムーズさであった。

平和で安全だからこそ、東南アジアには健全な経済成長がある

こうして、無事、タイに到着できた。バンコク現地で各地域の下見や、打合せもできた。

タイの王室資本の最大の財閥グループである、大手デベロッパーのマネージャーとも、3年ぶりに再会することができた。タイ人の彼とは10年来のビジネスパートナーである。コロナ以前と変わらず元気そうだった。

タイがこうして東南アジアで初めて、外国人旅行客にオープンになった。それで、王室の一等地開発プロジェクトの高級物件は、じわじわと外国人の資産家たちに売れ始めていた。買っていくのは、香港やマカオからの客だという。中国本土の超資産家たちも、みな香港経由で外国の不動産を買う。世界各国へ投資をするからだ。タイの資産家たちも旺盛に購入している。タイのマネージャーもとても忙しそうであった。

私の会社でも、2020年1月の香港ツアーを最後に、これまで丸3年ものあいだ、「外国ツアー」をいっさい開催できずにいた。

こうしてついに、昨年2022年7月から、「外国視察ツアー」を無事に再開することができた。本当に、タイ1国とはいえ、やっと外国へ行けるようになったことで、救われたのである。

タイは、アジアのなかで一番乗りでコロナ規制を撤廃して、オープンになった。だから、タイ政府は偉いのだ。タイ王室が権威主義で、王族の悪口を言ったらすぐ捕まるとか、タイの悪口を言っている場合ではない。

このツアーでは、タイで銀行口座を開設し、「リタイアメント・ビザ」や「タイランドエリート・ビザ」という外国人のための長期滞在ビザを取得するサポートも提供している。

さらに、ツアーでは、タイの長期滞在者向けの物件を訪問・視察する。日本人の長期滞在者の生活実態や環境が分かる機会を提供している。このツアーの中でアレンジする。

バンコクのセントラルパークである「ルンピニ公園」の目の前に大使館地区がある。高級コンドミニアムや、日本人が多く住む「スクンヴィット」（Sukhumvit）地区のサービスアパートメント物件も視察する。客からの希望にあわせて、現地調査をしたい施設や所定の地区、企業などもどんどん訪問する。何でもやる。タイの「王族コネクション」である。

それから、日本人が多く住む地区や、外国人が多く住んでいる地区なども訪れる。日本人が、バンコクでどうやって暮らしているのか、現地で見て実感できる。

日本人は、成長が見込める、ある程度の金利が付く、アジアの新興諸国に資産を置くべきなのである。タイの金利はおよそ2パーセントである。マレーシアの金利は3パーセントである。それぞれの国の銀行で「1年物の定期預金」を組めば、それくらいの金利を受け取れる。

それぞれの国の「国債」の長期（10年）金利は、タイが2・5パーセント、マレーシアが3・9パーセント前後である（2023年3月時点）。健全な「経済成長」による、ゆるやかなインフレである。金利操作ではない。自然な金利上昇が、まだ、東南アジアの国々にはある。

だからこうやって、東南アジアの国々に、日本国民の「財産」や、これまで培（つちか）ってきた日本の「技術」を、アジアの人たちに引き継ぎながら、守ってもらうしかない。こういう発想が、これから重要である。

日本人が率直に、今の日本の現状を話して聞かせれば、世界が見えている優秀なアジア人たちは、みな理解してくれる。これこそが、日本国にとっての、大きな「出口戦略（エグジット・ストラテジー）」である。

外（そと）から見ると、日本という国の第2次世界大戦後の悲惨な実態が、よく見える。戦後アメリカにどれだけいじめられて来たか。第2次世界大戦後、78年間、教育制度や金融制度をアメリカに占領され、政府を乗っ取られた。アメリカに操（あやつ）られてきた。その結果として、英語もろくに話せない日本人が生まれてきた。アジアの国々には、そのことをよく分かる優れたリーダーがたくさんいる。

だから、今からでも、日本人を大事にしてくれる東南アジアの人たちと手を組むべきだ。政治も経済も両方である。日本人が、戦後、ＯＤＡ（海外開発援助）で、たくさん東南アジアの国々を助けた。そのことを、アジア人はずっと忘れずに、恩義（おんぎ）を感じてくれている。

だから、東南アジアに銀行口座を開けて、高級品貸金庫を借りて、「長期滞在ビザ」をさっさと取得してしまうことだ。それほど難しいことではない。そうして、資金を移して「実物資産」の金（ゴールドバーでいい）や現地の上質の不動産で保管しておけばいい。東南アジアの人たちは、私たち日本人のことを大切に、守ってくれる。

これからの日本の「技術力」を担う、理工系の日本の若者たちは、アジアに行くべきだ。文系の若者だってそうだ。最先端の技術をアジア人どうし切磋琢磨して学ぶという、新しい発想で動くのが良い。

「戦争」や「金融危機」の時代に大切な〝一時避難〟

これからまた、新たな「規制」が強化されたり、予測できないさまざまな緊急事態が起こる。その前に、できるだけ早いタイミングで、タイへ現金を持参して、タイで口座開設、長期滞在ビザを取得する。そして、香港やシンガポールで「金地金（ゴールドバー）」を購入する。こうした金（ゴールド）の保管の手配だけでも、やっておくべきだ。

これから数年の間に、本格的な国際的な金融システムの崩壊や、超インフレの危機、世界経済の大恐慌や新たな戦争が始まる。だから、その前に、その対策と準備を、今年から1、2年の間に、さっさと済ませてしまうべきである。

これから日本は、「戦争」や「金融危機」の時代になる。資産家のあなたは、資産の「海外分散」が必須になる。それから、日本で大きな混乱が起きた時に、しばらくタイやマレーシアへ避難することを考えるべきだ。1ヶ月でも半年でも、家族ごと避難できることが重要だ。日本の外へ出て、しばらく様子を見ながら、外国で暮らせる準備をしておくべきである。

香港では、現地の貴金属の卸業者から、ゴールドバーを買う。これも、日本円の現金で支払うことができる。払ったその場で金地金を受け取って、自分の手で持って、そのまま現地の高級品専用の貸金庫へ預けてくるのである。

日本で購入した金地金も、香港やシンガポールへ持ち込んで、外国の「保税地区」にある高級品専用貸金庫へ預けられる。預けたあとは、そのまま長期的に保全して、忘れてしまうことだ。金（ゴールド）は、あらゆる金融危機や世界恐慌、戦争に対する「保険」になる。「委任状」を倉庫業者のコンシェルジュに送りつければ、貸金庫のなかの金地金を、取り出して買い取らせることもできる。将来、日本から持ち込んだゴールドバーでも、買い取ってもらえる。

日本国内で「金融危機」や「財政破綻」、「大災害」や「戦争」が起きたときに、タイやマレーシアなどの東南アジアへ「一時避難」する。避難生活をゆったりと過ごすための「軍資金」になるのが、海外に保全した「金」なのである。

金（ゴールド）の価格は、もうしばらくは、上げ下げを繰り返す相場が続くだろう。しかし、今、世界的な米ドルへの信頼が急落している。

だから、新興国と資源国が、「米ドル」建ての政府の「外貨準備」（フォーリン・リザーヴ）を少しずつ手放し始めている。代わりに、「金地金」（ゴールド・ブリオン、金の延べ棒）」を「準備金」（ゴールド・リザーヴ）として買い増している。このことは、74ページで詳しく書く。

私たち一般国民も、これ以上、「金」価格が値上がりしてしまう前に、〝ペーパーマネー〟である「金融資産」を、できる限り「実物資産」である金地金（ゴールド）に替えるべきである。金地金（ゴールド）は、何があっても紙切れにならない。「実体」がある。さらに、世界中のどこの国へ持って行っても、「世界共通の取引価格」で、必ず買い取ってもらえる。価格にブレがない。どの国の通貨よりも、いかなる資産よりも、流動性が高い。唯一無二の資産である。

あらゆる資産のなかでも、金地金はすぐに売却して現金にできる。つまり、流動性が最も高い。必ず現金化できるという、資産として最も重要な要素を持っている。

なおかつ、カバンに入れて世界各国へ持ち運ぶことができる。「不動産」も、重要な実物資産の1つだ。しかし、自由に持ち運ぶことはできない。その不動産がある国や地域から、避難しなければならない場面では、不動産資産は、あきらめてそこへ置き捨てて行くしか

日本国内で「金融危機」や「財政破綻」、「大災害」や「戦争」が起きたとき、タイやマレーシアなど東南アジアへ「一時避難」する。避難生活をゆったりと過ごすための「軍資金」が、海外に保全した「金」（ゴールド）。

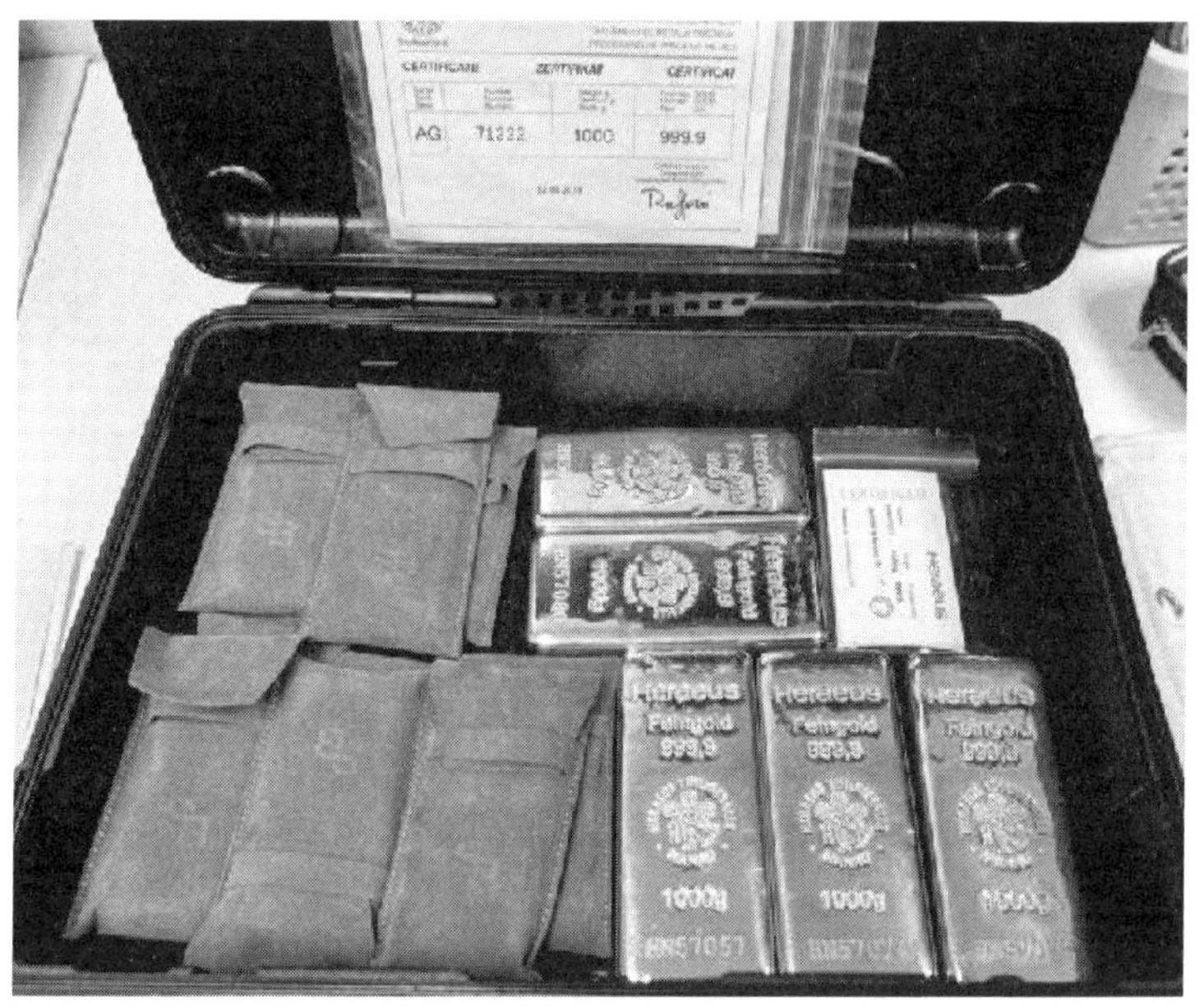

日本で購入した金地金でも、香港やシンガポールへ持ちこんで、外国の「保税地区」にある高級品専用貸金庫へ預けることができる。預けたあとは、そのまま長期的に保全して忘れてしまうことである。将来、そのまま現地で売却もできる。金の値段は世界共通である。金（ゴールド）は、あらゆる金融危機や世界恐慌、戦争などに対する「保険」になる。

ない。

　だから、資産の半分だけ、外国へ移しておくべきなのである。それを、実物資産の金地金（ゴールド）に替えておく。高級品専用の貸金庫で、長期保存をしておくべきである。

「プライベート・バンク」と「プライベート・バンキング」は同じではない

　シンガポールでは、急に規制が厳しくなって、もう普通の銀行口座が開けられなくなった。居住権のビザや、労働ビザなどを保有しているかどうかを聞かれる。シンガポールに住むことを前提とした場合にしか、シンガポールの銀行は、もう口座を開設してくれない。

　一方、資産運用、投資用の口座であれば、開設できる。最低ワン・ミリオン（100万ドル、約1億円）を維持するように、と言われる。

　しかしこれは、スイスの「プライベート・バンキング」のシンガポール支社でしかない。銀行の支店も、窓口すらもない。現金の出し入れや、支払い決済や、送金業務などはやっていない。だから、いわゆる街角にある普通の銀行業務はやっていない。

　銀行の口座ではあるけれど、ただの「投資・運用口座」である。これを「プライベート・バンキング」という。「プライベート・バンク」ではない。ここが、意図的に混同されて使われている。

もっと言うと、「プライベート・バンク」と自称しているだけのスイスの商業銀行は多い。ただの商業銀行や資産運用を専門とする金融会社、証券会社や投資銀行でも「プライベート・バンキング」というサービス部門がある。

老舗で代々の一族経営で、非上場（〝プライベート〟）の、本物の「プライベート・バンク」は、十数行しかない。これら以外の銀行は、ただの「コマーシャル・バンク」（商業銀行）である。

ところが、自分たちの預金客のなかで、100万ドル（約1億円）以上の残高がある顧客に対して、「運用をしてさらに預金を増やしませんか」といって、運用アドバイスを持ちかける。このサービスを「プライベート・バンキング」と呼ぶのである。

だから、これでワザと「プライベート・バンク」と「プライベート・バンキング」を、混同させられて来た。「プライベート・バンク」と呼べば、「世界中の大富豪の資産を何百年も守り抜いて来たヨーロッパの歴史のある、あのスイスの名門の銀行か！」と、顧客が勝手に、幻想を抱いてくれる。だから、日本人はこの名称で、ずっと騙されてきた。

「スイスの銀行です。富裕層のお客様専門のプライベート・バンキングです」などと、日本まで派遣されてきた愛想のいい白人の営業マンに、もっともらしい顔で説明される。すると日本人は舞い上がる。「ああ、スイスのプライベート・バンクですか！　それじゃあ、安心だ」と言って、その銀行の本性や口座の仕組みも理解しないまま、すぐに信用してしまう。そして最低1億円と言われて素直に預けて、それで、ひどい目に遭うのだ。

繰り返すが、スイスの老舗の、いわゆる代々続く一族経営のプライベート・バンクは、ほんの一握りしかない。あとは、単なるスイスの商業銀行のなかの「プライベート・バンキング部門」である。

巨額の損失を出して倒産しかけたスイスの最大手銀行クレディ・スイスも、ただの商業銀行である。あるいはその一部は投資銀行（＝証券会社）である。プライベート・バンクではない。

日本の三菱やみずほや三井住友銀行にも、預金額5000万円以上の顧客をターゲットにして「富裕層専用のＶＩＰ運用口座」などがある。これがこの「プライベート・バンキング」に当たる。

銀行口座は香港やタイで開設すればいい

だから、「スイスのプライベート・バンク」と言っても、本物の歴史があり代々ヨーロッパの王族や貴族たちの資産を守り続けて来た、というワケではない。そんなのは幻想だ。もうウブ（ナイーヴ）な日本人を騙すのも、いい加減にしたほうがいい。

運用もろくなものではない。預かったお金を、結局は、国債や投資信託（ミューチュアル・ファンド）や、付き合いがあるヘッジ・ファンドなどで、ただひたすら運用するだけである。

だから、シンガポールに営業所を置く、スイスのプライベート口座に預けた資金は、何らかの「金融商品」の形で運用させられる。つまり、ペーパーマネーだ。しかも、この手のプライベート・バンキングの運用通貨は、「米ドル建て」が標準である。スイスなのに「スイスフラン」ですらない。

こうなってくると、元も子もない。「金融資産」をできるだけ減らして、「実物資産」にしようとして、シンガポールで金を買い付け、高級品専用の貸金庫に預けるのである。

だから、結論として、外国の銀行口座は、香港やタイで開設すればいい。

マレーシアでも不動産を買うか、「MM2H」（マレーシアマイセカンドホーム）という「長期滞在ビザ」を取得しないと、もう口座は開設できなくなっている。

シンガポールの保税特区で借りられる高級品専用の貸金庫の利用料は、諸経費も込みで年800シンガポールドル（8万円前後、為替で変動）くらいである。これで最大11キロの重さまで預けられる。

これくらいの金額は、香港やタイやマレーシアに開けた口座から、「インターネット・バンキング」で、さっと送金できる。インターネット・バンキングで、24時間いつでも、送金指示を出せる。だから、そのためだけに、シンガポールに銀行口座を開設する必要はない。

タイの銀行の場合、口座を開設するために、3日間のバンコク滞在が必要である。現地の日本大使館で、所定の書類を発行してもらう必要があるからだ。この書類の申請から、実際に発行されて受け取れるまでに、2日間、待たされる。だから、バンコクには3日いなければならない。

もともとは、翌日には受け取れていた。しかし、コロナ明けの混雑のためという理由で、日数がかかるようになった。

タイの銀行でも、「インターネット・バンキング」のサービスが利用できる。タイは、香港のような「国際金融特区」ではない。だから、タイの銀行には、「マルチカレンシー口座」というシステムはない。

いろいろな国の通貨（主要通貨）で、マルチ（複数）の通貨で分散して預金しておくことができるのは、やはり、香港やシンガポールなどの、国際金融国家ならではの特殊なシステムである。

タイの銀行でも「インターネット・バンキング」のサービスが利用できる。日本からの操作で24時間、大丈夫だ。

最近では、専用アプリをダウンロードすることで、「ATM カード」が無くても、スマホで QR コードを読み取ることで、現金の引出しができる。日本のイオンは、イオンカードやローンなど金融業で、タイに進出している。

タイに預けた預金は、日本に帰ってからも、24 時間いつでも、インターネット・バンキングで残高を確認できる。発行されたデビットカード（ATM カード）で、タイ国内だけでなく、日本でも、他の国でも、ATM で預金を引き出せる。店やレストランで買い物もできる。

しかし、タイに預けた預金も、日本に帰ってからも、24時間いつでもインターネットで残高を確認できる。だから安心だ。他国への送金指示も出せる。だから、香港やシンガポールで購入する金地金（ゴールドバー）への支払いをタイからもできる。シンガポールや香港にある貸金庫の利用料の支払いも、ネットによる指示でできる。とても便利である。

タイの現地では、「ATMカード」が無くても、現金の引出しができるようになった。専用アプリをダウンロードすることで、ATMにQRコードを読み取らせる。タイは日本よりも進んでいる。

コロナの「陰性証明書」とワクチンの「接種証明書」

タイからの帰国は、深夜便に乗った。タイのバンコク（スワンナプーム）国際空港を、夜の11時15分に出発した。この時期はまだ、便数が限られていた。深夜便が一番多かった。深夜便で寝て帰ることができれば、時間を有効に使える。帰国する日も、朝から夜まで、タイの現地で動ける。

翌朝の7時前後に日本に着く。その日も、朝から日本で活動できる。タイの国際空港では、チェックインする直前に、「PCR検査」を受けた。

「日本」はまだコロナ入国規制があった。だから、どこの国から飛び立つ飛行機でも、日本行きの便は、すべてPCR検査の陰性証明を提示するよう求められた。

これが、昨年の9月から、ワクチン接種を3回以上済ませたことを証明する書類やアプリが提示できれば、帰国直前のPCR検査は免除になった。

しかし、私の客の1人は、ワクチンを2回だけ打っていた。彼は、2本目を打ったすぐあと心臓のあたりが今まで経験したことのない痛みに襲われたという。「このワクチンは、危ない」とハッと気付いた。だからワクチンをそれ以上打つのをやめた人だ。結局、その人は、2回とは言えワクチンを打っている。しかし、ワクチンを打っていない人たちと一緒の行列に並んで、帰国直前のPCR検査を受けていた。「こんなことならば、最初からワクチンを打たなければよかった」と怒っていた。そのとおりだ。ワクチン2回接種と3回接種、なんの違いがあるのか。

タイの国際空港、スワンナプーム空港には、臨時のPCR検査場が、空港入り口の脇に設営されている。検査というのは、そこで鼻を軽く綿棒でこすられるだけだ。待ち時間は1時間と言われたが、30分くらいで陰性証明書を受け取れた。

2023年3月現在時点では、タイもマレーシアもシンガポールも、それからついに香港、でも、もう入国の際に「PCR検査」を提示する必要がなくなった。アジアはもうコロナは終わっている。急いで外国へ資産を移し始めるべきだ。シンガポールではもう誰もマスクをしていない。

日本への帰りの便は、ＺＩＰ（ジップ）エアという、日本航空の１００パーセント子会社のＬＣＣ（ロー・コスト・キャリア、格安航空）であった。ここは、ＪＡＬ（日本航空）が、ちょうどコロナ危機が勃発する２０２０年から就航を始めたばかりの、日本で一番新しい国際便専用の格安航空会社である。

ジップ・エアには、格安機でありながら、「フルフラットシート」もあった。

飛行機のチケット料金は、格安ＬＣＣのＺＩＰ（ジップ）エアのほうが、正規便の半額かそれ以下くらいだった。昨年の6月頃は、飛行機のチケット料金は、コロナ前の料金に比べて、全般的に2〜3割高かった。まだ便数が少ないためだろう。

いま現在、２０２３年3月の段階では、東南アジア方面の飛行機料金は、コロナ前からの通常の金額に戻っている。便数もかなり増えた。もうほぼ通常どおりに回復して運行されているようだ。

一方、香港行きの便は、規制が撤廃されて間もないから、まだ以前より2割くらい割高である。

もう今となっては、タイとの往復の飛行機は、いつも満席である。タイ人も、昨年（２０

22年）11月から、ＰＣＲ検査やワクチン証明なしで、日本へ旅行できるようになった。私のタイ人の友人も、昨年の12月に、家族と一緒に九州の湯布院まで温泉に入りに来ていた。タイ人は、日本が大好きなのである。タイ人は、日本との協定で、ビザなしで、日本に観光旅行に来ることができる。

私の帰国は、２０２２年の6月24日（土）の午前7時半だった。成田空港に到着した。飛行機から降りて、入国審査ゲートまでの通路には、ワザとらしくコロナ監視用の、折り畳みの長テーブルで臨時に作られたコロナ申請ブースが、ずらっと設けられていた。

ここで受付や誘導をやっている係員たちは、アジア系の外国人が大部分だった。おそらく英語ができるからだろう。

その後、待合所のような場所のイスに座って、スマホで、日本の厚生労働省の専用サイトにアクセスさせられる。滞在していた国名や期間、パスポート番号や自宅住所など、インターネットの専用サイトから、いくつか質問に答えて終わりだった。コロナ関連の実際の検査などは、いっさい無かった。タイの空港で、乗り込む際に受けたＰＣＲ検査で渡された、紙の陰性証明書を見せるだけだった。

例の監視アプリも、「義務ではない」という。厚生労働省が、空港の入国検査所で配布している紙には、「入国後の自宅待機が必要な方は、インストールしてください」という、おかしな一文が書かれていた。どちらでもいいのだ。これで自宅待機が義務ではない、ということが分かった。だから、私はダウンロードしなかった。

会社や職場から要求されていない限りは、このような気持ちの悪い、行動を追跡され監視されるアプリなどわざわざ登録するべきではない。このように自主的に監視されることを選ぶことは、みずから「国家の奴隷（どれい）」になることである。

タイ人の給与は、ついに日本人を抜いた

今、ユーラシア大陸の反対側では、ロシアとウクライナが、泥沼の戦争をしている。これから、まださまざまな緊急事態が勃発するだろう。「コロナ明け」といっても、甘い考えは捨てるべきだ。

この「ウクライナ戦争」は、アメリカ（と、イギリス）が仕組んで、ウクライナを動かしている。もう世界の誰もが知っている。世界の先進国が、これに軍事支援をしている。ヨーロッパの主要国はどっぷりと巻き込まれている。

だから、フランス人の評論家、エマニュエル・トッド氏が書くとおり、実質的には、「第3次世界大戦はもう始まっている」のである。エマニュエル・トッドは日本に警鐘を鳴らす

東南アジアの国々こそが、「いまの地球上で最も平和で安全な国」である。私は、この重要な事実を、日本の資産家、経営者、事業家、教育者に伝えていきたい。

これから日本は、「戦争」や「金融危機」の時代になる。資産の「海外分散」が必須になる。日本からしばらく、家族ごと避難できることが重要だ。日本の外へ出て、しばらく様子を見ながら外国で暮らせる準備をしておくべきである。

著作も多い。この恐ろしい世界の現状を、無視することはできない。

しかしそれでも、東南アジアが、これからの、そして今の世界で最も安全で平和な場所になる。私はこの大切な事実を、日本の資産家、経営者、事業家、教育者の方たちに、具体的に伝えて行きたい。

これから日本人はアジアにどんどん進出するべきだ。将来の日本経済の新しい発展をめざして、日本の若い人たちは、海外へ出て行くべきである。

いまの日本の惨状(さんじょう)というのは、たとえば、ついにタイまでが、所得水準で日本人を追い抜いてしまった。私は、昨年の6月以降、すでにタイを6回訪れた。タイの首都バンコクの物価は、もう日本と変わらない。治安ももちろん良い。女の人が夜中に1人で歩いても心配ない。急な円安であったから、かえってバンコクの物価のほうが高いくらいだった。

タイの大手企業の幹部レベルの給与は、日本企業の重役たちよりも高い（参照「日本企業の経営幹部の給料が『タイ・フィリピン以下』の衝撃、日本は出世するだけ損？　安いニッポン売られる日本＃17」ダイヤモンド・オンライン、2021年8月10日。https://diamond.jp/articles/-/278144)。この記事に書かれているとおりだ。タイの一流企業は、「世界基準」の報酬システムで設定されている。だから、欧米やシンガポール、中国などのトップ企業の報酬水準に合わせているのだ。デフレで経済が内向きに下降する日本企業は、追いつけるだろうか。参照したこの記事は、1年半以上前の記事だ。今年は、さらに、その差が開いているだろう。

私が一緒に仕事をしている、タイの大手財閥グループの、中堅マネージャーにも聞いてみた。彼のように、バンコク都心部の大手企業で働くエリートビジネスマンが、どれくらいの給与をもらっているのか教えてくれた。

バンコクのビジネス街に勤務する、プロフェッショナルのホワイトカラー・ビジネスマンたちの平均給与は、すでに、月収で11万バーツ（各福利厚生込み）にまでなっているそうだ。今の、「1タイバーツ＝約3・9円」という為替レートで換算すると、彼らの1ヶ月の給料は、およそ43万円ということになる。

私はこのマネージャーとは、もう10年以上一緒に仕事をしている。親しい友人でもある。彼は、日本の東大にあたるチュラロンコン大学を卒業している。英語が堪能である。聞いたところ、大学の授業は英語で行われていたそうだ。イギリスなどから一流の教授を呼んで教えている。

ASEAN（東南アジア主要10ヶ国）のなかでも、シンガポールを先頭に、タイ、マレーシアなどは、義務教育のシステムとして、幼稚園のときから、英語の授業が必須だ。ネイティヴの英語講師が、週に1、2回、授業をやりに来る。

だから、本人は留学したことがないのに、流ちょうに英語を話す。仕事でも欧米までよく出張している。

日本だって同じことをやればいいのだ。若い人はすぐ英語を覚える。アジア人と渡り合えるようになるはずだ。しかし、日本の文科省は動かない。アメリカが許さないのだ。日本の戦後教育は、アメリカが作った。

経済レベルが上がると、その国の国民は洗練され、治安も良くなっていく。これは、世界共通の事実である。だから、タイやマレーシアなど東南アジアのなかでも経済成長が最も進んでいる国々は、安心して「資産保全」ができる。

タイやマレーシアは、あと5年くらいで「先進国」の仲間入りをするだろう。だから、香港やシンガポールに続く、日本人の「資産防衛」のための拠点になるのである。これからは、東南アジアなのである。

タイやマレーシアの大都市のオアシスで「リゾート休暇」のような避難生活

タイでは、避難生活を「優雅に、余裕をもって」過ごすことができる。

ウクライナ戦争から避難してきたであろうロシア人の富裕層を、タイの首都バンコクでよく見かけた。家族連れで、まるで「長期休暇」か「リゾート旅行」のように、ゆったりと滞在している姿を見かけた。

タイやマレーシアの首都であるバンコクやクアラルンプールには、閑静で便利な大都市のオアシスのような地区が必ずある。そこで外国人はゆったりと「リゾート休暇」のように滞在することができる。これが、これからの「世界の富裕層の避難生活」である。戦争と恐慌の時代の新しい長期滞在（ロングステイ）のスタイルである。

バンコクには、世界各国の料理のレストランがある。東京と変わらないくらいである。巨大で、新しい国際都市になった。料理の質も高い。インターナショナル・スーパーマーケットでは、日本や世界中の食材が手に入る。寿司屋と居酒屋がいっしょくたになった日本食レストランも、築地からネタを仕入れていて、日本で食べるよりもなぜかおいしい。

東南アジアは、ユーラシア大陸の東南に位置する。インド洋と南シナ海、東シナ海をつないでいる。インドネシアから、オセアニア（オーストラリア、ニュージーランド）までつながる。これから、こうした赤道の周辺から南半球にある資源国が、日本にとって、そして、世界にとって重要な「資源供給」の拠点になるのである。

日本の経済がボロボロに崩れ行くなかで、東南アジア諸国は、マレー半島からインドネシアまで、中国の「一帯一路」の「人民元経済圏」に、どんどん取り込まれている。

かつて、こうした「地球の南部の貧乏資源国、途上国」のことを「グローバル・サウス」（地球の南側に集まる途上国）と呼んだ。しかしこれからは、世界経済の中心に躍り出る。かつての貧乏資源国が、経済成長を遂げる。その資源の力が起爆剤になる。

昨年2月26日に、アメリカとヨーロッパによる、ロシアへの「経済制裁」が強行された。ロシアの中央銀行が、「米ドル」と「ユーロ」で海外に保有していた国家資産を、差し押さえ収奪してしまった。

「ウクライナ侵攻」をしかけた見返り、報復という「名目」であった。

国際法の根拠も、当事者国どうしの協議も何もなかった。一方的な、違法な「金融奇襲攻撃（サプライズ・アタック）」であった。

国家、政府が保有する外貨資産を「外貨準備（フォーリン・リザーヴ）」という。米ドルが最も多い。ロシアの外貨準備を、欧米諸国が勝手に凍結してしまった。「凍結（フローズン）」と言っても、返してもらえる当てはない。つまり、収奪されたのである。

このようなことが、実行できてしまうのである。「ロシアが悪い国だから」と、一方的に決めつけただけである。証拠も検証も交渉も国際裁判もなかった。近代欧米法のシステムを、みずからかなぐり捨てた。

ロシアによる、ウクライナへの軍事作戦が始まってから、たった2日後のことであった。

日本の経済がボロボロに崩れ行くなか、東南アジア諸国は、マレー半島からインドネシアまで、中国の「一帯一路」と「人民元経済圏」に、どんどん取り込まれて行く。

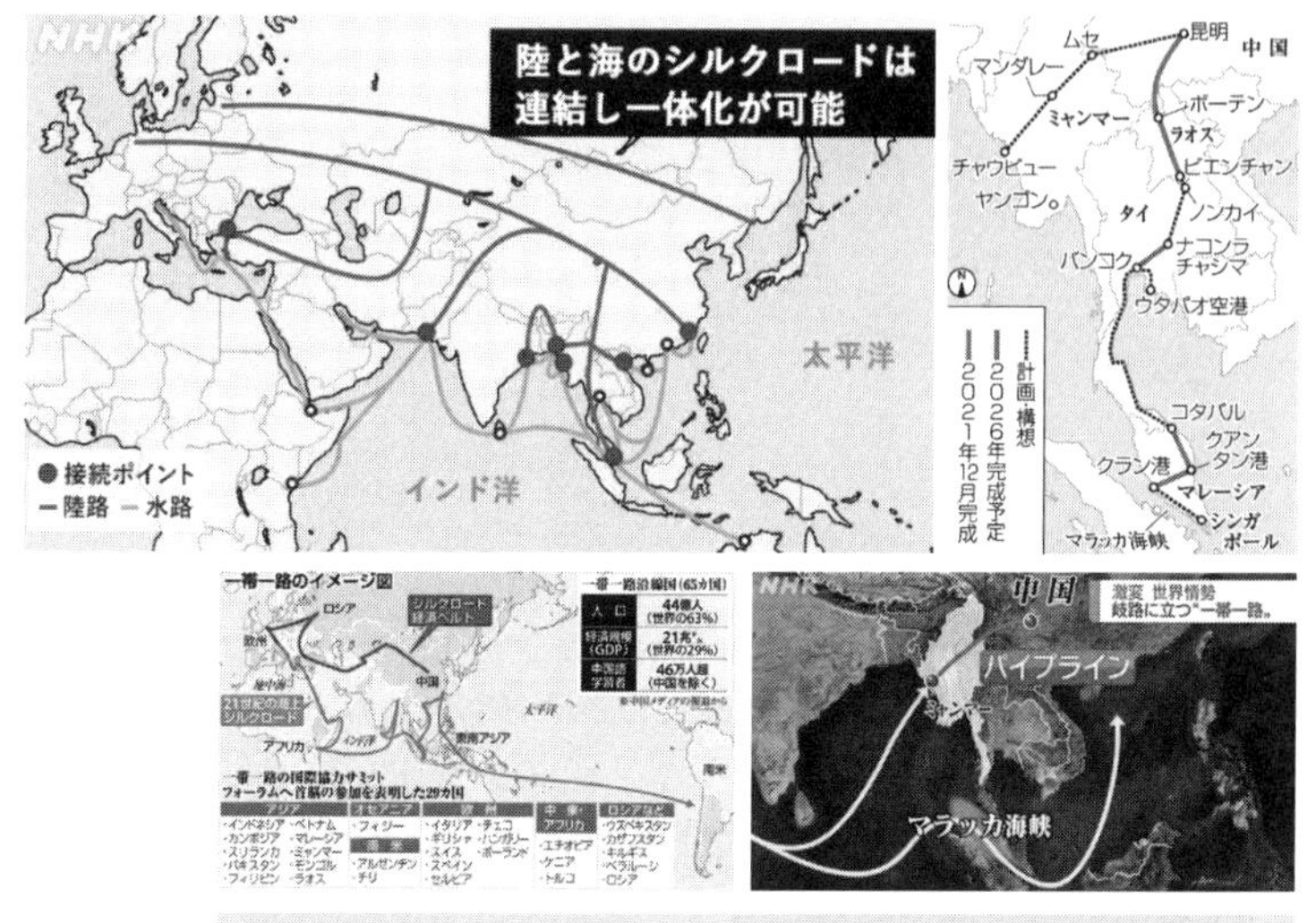

ミャンマーにも、中国への「パイプライン」が通った。
これから、安定するだろう。

東南アジアは、ユーラシア大陸の東南でインド洋と南シナ海、東シナ海をつないでいる。さらに、インドネシアから、オセアニア（オーストラリア、ニュージーランド）までつながる。これから、こうした「グローバル・サウス（途上国）」と呼ばれた赤道の周辺から南半球にある資源国が、世界にとって重要な「資源供給」の拠点になる。これまで「グローバル・サウス」とは、「地球の南部の貧しい資源国、途上国」という意味だった。しかしこれからBRICS（ブリックス）の新興大国と連携して、世界経済の中心に躍り出る。

バイデン大統領が、ロシアへの経済制裁を発表したのは、ウクライナ侵攻の翌日であった。だからシナリオがあったはずである。

アメリカの一存で、これまでの戦争のルールや、国際法や国家の主権までいっさい無視されてしまった。「国際法違反の経済制裁」が強行されたのである。

この驚愕（きょうがく）の事実が、世界中に明らかになった。だから、この時に米ドルに対する世界の信用は、一気に崩壊したのである。この時が「米ドル支配の終焉（しゅうえん）」の始まりであった。

この米ドルの信用崩壊という巨大な激震は、新興諸国や資源国、東南アジアも含めた、世界のすべての人々に新しい衝撃を与えた。

ブリックス・ペイの衝撃

ちょうど、私が昨年の6月に、タイからの帰国途上で読んだ記事に、「ブリックス・ペイ」（BRICS Pay）という新しい言葉が出ていた。まさに、米ドルを「基軸通貨」とする今の世界経済体制とはべつに、新しい国際通貨・決済体制をつくり上げる動きである。

BRICS（ブリックス）の新興5大国は、米ドルへの信用を失った。その瞬間から、さっさとこの準備を始めていた。

「ブリックス・ペイ」（BRICS Pay）という新しい国際通貨が、プーチン大統領から発表された。米ドルが「基軸通貨」の現行の世界経済体制から独立する。新興国による新しい世界通貨と国際決済の体制ができる。先進諸国は、黙って見ているだけ。

BRICS（ブリックス）の新興５大国は、米ドルへの信用を失った瞬間からすぐに準備を始めた。構想は 2015 年から始まっていた。これまでの「米ドル」に代わる国際決済のシステムとして「ブリックス（ BRICS ）・ペイ」が誕生する。中国、ロシア、ブラジル、インド、南アフリカという世界の「５大新興大国」の通貨をすべて「通貨バスケット」に入れ、経済力に合わせて連動（ペッグ）させる。
欧米の大手メディアも日本のマスコミも、無視して報じない。

「ブリックス・ペイ」は、「アップル・ペイ」とか「アリ・ペイ」とか「ペイ・ペイ」と同じデジタル決済通貨である。それを、ブリックス5大国であるブラジル、ロシア、インド、中国、南アフリカの各国政府が、共同開発する。

　ブリックス各国の政府が共通で発行する。「デジタル共通通貨」である。スマホのアプリにピピッと発行される。ブリックス諸国の国民に使わせる。このような技術が、ブラジル、ロシア、インド、中国、南アフリカの新興5大国に、すでにあるのだ。驚くべきことだ。「ブリックス・ペイ」とは、その狙いがストレートに理解できる良いネーミングである。「米ドル基軸通貨体制」を打ち破る、新しい国際通貨・決済システムだ。

　欧米のロシアに対する強引で傲慢(ごうまん)で、違法な「経済制裁」に対抗するために発表されたのである。新興5大国のブリックス諸国は、中東の資源国や、中央アジアや東南アジア諸国、南アフリカを中心とするアフリカの国々、ブラジルとメキシコを先頭にする中南米諸国と、すべて大きく「団結」したのである。

　日本人が知らないだけだ。欧米人は、気づいていても何もできない。だから、知らん顔である。

　それから、ウクライナ戦争をきっかけに、これまでの「G7(ジーセブン)」（先進7ヶ国）に対抗する、新しい新興国の経済グループ「新G8(ニュージーエイト)」（新興(エマージング)8ヶ国）が出来上がった。「新G8」（New

東南アジアの主要10ヶ国「ASEAN」（アセアン）は、中国を中心とする「BRICS」（ブリックス）という新興5大国の一部に組み込まれる。

新興５大国の「BRICS」と東南アジア10ヶ国の「ASEAN」を合わせた15ヶ国で、世界の人口の42%、39億人をかかえる。世界のGDP（購買力平価で）の32%、41兆ドル（5330兆円）という巨大な経済連合ができる。外貨準備も15ヶ国の合計で総額4.5兆ドル（585兆円）になる。

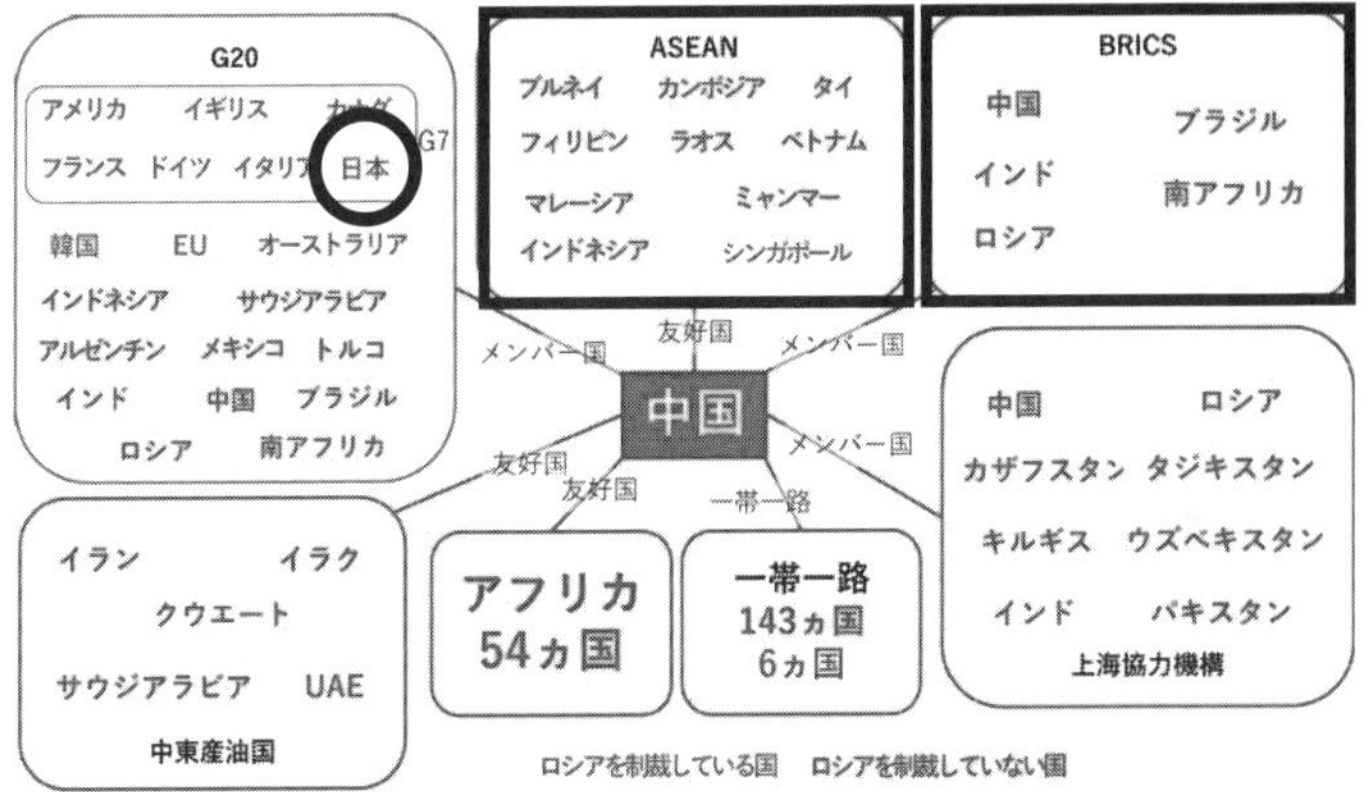

●「ウクライナ戦争は中国の強大化を招く」遠藤誉（筑波大学名誉教授、理学博士）筆　Yahoo!ニューズ　2022年4月22日の記事から

ウクライナ戦争をきっかけに、これまでの「G7」（先進7ヶ国）に対抗する、新しい世界の経済グループ「新G8」（新興国G8）が注目を集めた。「新G8」（New G8〔ニュージーエイト〕）とは、「BRICS（ブラジル、ロシア、インド、中国、南ア）」＋インドネシア＋トルコ＋メキシコという、世界の経済ランキングで上位に入る「新興国」と「資源国」をトップ8でまとめた経済グループ。これに、東南アジア主要10ヶ国「ASEAN」（アセアン）が加わる。さあ、日本はどうする?

G8）とは、「ＢＲＩＣＳ」（ブラジル、ロシア、インド、中国、南アフリカ）＋インドネシア＋トルコ＋メキシコである。世界の経済ランキングで上位に入る「新興国」と「資源国」をトップ８でまとめた経済グループである。これに、これから、イランとサウジアラビアが加わる。さらに、東南アジアの主要10ヶ国である「ＡＳＥＡＮ」（アセアン）も加わる。その一部になる。さあ、日本はどうするのか。

こうした新興国や資源国は、政府と中央銀行が抱えている「米ドル建て」の外貨準備（フォーリン・リザーヴ）を、いま着々と売り払っている。そして、他の資産に換えているのである。

その中心が、「金」（ゴールドブリオン）である。「米ドル」という外貨ではなく、「金塊（ゴールド）」を積み上げている。これを「金準備」（ゴールド・リザーブ）としている。

そして、ロシアから引き続き石油や天然ガス、食糧や肥料などを買い続けるために、ロシアの通貨である「ルーブル」も保有する。それからもちろん「自国通貨」にも変えている。「外貨準備」であれば、中国の「人民元」である。米ドルではない。とにかく、米ドルをどんどん手放しているのだ。

しかし、目立たないように売る。アメリカに目をつけられないためにである。オフショア、の国際金融特区を、経由させる形で行っている。新興諸国や資源国はじわじわと事を運んでいる。

米国債や米ドルを売却して、その代わりに金地金（ゴールドブリオン、金塊）を保有するのである。「食糧資源」では、あまり長くは保存しておけない。ある程度の期間が過ぎると、売り払わなければならない。

石油（原油）や天然ガスなどの「エネルギー資源」も、備蓄には限界がある。どうするかというと、精製して質の高い石油や軽油（ディーゼル）にかえて、価格も吊り上げて、さらに他の国へ転売するのである。これをインドが、ロシアから割安で輸入した原油でやっていた。最後は、アメリカにまで輸出して売っていたようだ。さすがにあとから、ロシアがやめさせた。

こうした世界的な、そして歴史的な国際通貨体制の急変動が、まさに新興国と資源国のあいだで起こっている。欧米の大手メディアも日本のマスコミも、無視して報じない。

この歴史的な構想を世界に知らせたのが、ロシアのプーチン大統領であった。昨年（2022年）6月22日の「ブリックス・ビジネス・フォーラム」での演説である。まさに欧米英から理不尽な経済制裁を仕掛けられたロシアが、リーダーシップをとっている。

ブリックス（ＢＲＩＣＳ）５大新興国のトップ５人、ボルソナーロ（67歳。今年からルラ・ダ・シルヴァ）、プーチン（69歳）、モディ（71歳）、習近平（69歳）、ラマポーザ（70歳）が支えている。この5人でしっかりと話し合って決めている。

「ブリックス・ペイ」のほうが、「デジタル人民元」よりも、世界的に受け入れられやすいだろう。「ルーブル」も「人民元」も、インドの「ルピー」もブラジルの「レアル」も南アフリカの「ランド」も、BRICS（ブリックス）のどの国の通貨でも、この「ブリックス・ペイ」のアプリで、瞬時に決済できるという。「ブリックス・ペイ」で支払っても、自国の通貨から引き落とされる。

だから、これまでアメリカの世界覇権を支えてきた、米ドルによる国際金融支配が、ここで終わるのである。「米ドル」がいらなくなる。

新興国と資源国は「米ドル」を使うのをやめる。自国で産出する資源や食糧を輸出して決済するときには、自分たちの国の通貨で取引する。このように、世界の新興国と資源国が決断したのである。これを仲介するのが「ブリックス・ペイ」である。

以下に、この「ブリックス・ペイ」という、新しい国際決済・通貨ネットワークについて簡潔にまとめた、英文の記事を引用する。もとの英文を、筆者が和訳した。

●「プーチン大統領、BRICS（ブリックス）が世界基軸通貨を開発中と発言」

（2022年6月22日）水曜日に開催された「BRICSビジネスフォーラム」で、プーチン大統領は、ＢＲＩＣＳ諸国（ブラジル、ロシア、インド、中国、南アフリカ）は現在、新しい世界準備通貨の設立に、取り組んでいると述べた。

プーチン大統領は、ＢＲＩＣＳ（ブリックス）諸国（＝ブラジル、ロシア、インド、中国、南アフリカ共和国）は現在、新しい国際準備通貨（new global reserve currency）の設立に取り組んでいると演説した。「我々はそれぞれの自国通貨による通貨バスケットを基にした、国際準備通貨を作るという課題を解決しつつある」と述べた。

ロシア大統領によると、加盟国は、国際決済のための信頼できる代替メカニズムを開発している。

プーチン大統領は、「ブリックス（ＢＲＩＣＳ）ビジネスフォーラム」の参加者への挨拶で、ブリックス諸国は30億人以上の人口を抱え、合わせて世界のＧＤＰの約４分の１、世界の貿易の20％、世界の直接投資の約25％を占めており、ブリックス諸国の外貨準備金の合計（２０２２年初め時点）は、世界の準備金の約35％に達するという事実を提示した。

「ブリックス・ビジネスフォーラム」は、ブリックス・ビジネスカウンシルが伝統的に「ブリックス首脳会談（サミット）」の前夜に開催する主要イベントの一つだ。今年のフォーラムは、中華人民共和国が主催している。

2021年初頭、ブリックス（BRICS）は欧米の金融システムへの依存を減らすため、共同の国際決済ネットワークの立ち上げに取り組んでいると発表した。「ブリックス・ペイ」と呼ばれる新決済システムは、加盟5カ国の決済システムを統合するための特別なオンライン・ウォレットを作るというものだ。ロシアの政府系ファンド（ロシア直接投資ファンド、RDIF）は、このシステム立ち上げに必要な技術を持つ中国とインドというパートナーとともに、プロジェクトに取り組んできた。

このサービスは、既存のアップル・ペイ（Apple Pay）やサムソン・ペイ（Samsung Pay）などと同様に、顧客の口座が、どの国の通貨と連携していても、スマートフォンのアプリで決済できるようにするものだ。ブリックス各国の決済システムを連携させるため、専用のクラウド・プラットフォームを構築する。

ブリックス諸国は、お互いの国家間の貿易でも、それぞれの自国の通貨を使用することを強化している。

（インベストジスト、2022年6月22日、筆者訳）

繰り返すが、ロシアは、欧米諸国によってその中央銀行に預ける形になっていた6400億ドル（約86兆円、1ドル＝140円で計算）の外貨準備のうち、その半分近い3000億ドル（約42兆円）を「凍結」された。実際は、「没収」されたのである。

だから、ロシア政府は対抗手段に出た。これから「人民元建ての外貨準備」を増やして行くと発表した。その金額は700億ドル（約10兆円）である。人民元や欧米以外の新興国の通貨にする。以下のブルームバーグの記事で書かれている。

つまり、本年2月時点で6400億ドルあった、ロシア政府の外貨準備の1割を超える割合になる。いま現在は、もっと増えている。

世界的なエネルギー価格の高騰で、ロシアはいまでも貿易から十分な収益がある。最大の貿易相手国は中国である。そこから新しい準備金を、新たに積み上げていく。ロシアには人民元がどんどん積み上がっている。ロシアの銀行や金融機関も、人民元建てで融資を始めている。ロシア企業も人民元建てでどんどん社債を発行している。ロシア国民も、人民元口座を開けている。人民元預金に分散し始めている（参照「ロシアに浸透する人民元、制裁で『脱ドル化』加速」ウォール・ストリート・ジャーナル日本版、2023年3月1日）。

欧米からの経済制裁にもかかわらず、ロシアは貿易黒字なのである。2022年は、ロシアの貿易黒字額が前年の1・9倍近くまで増えた。経済制裁で欧米諸国からのロシアの輸入が減った。一方で、ロシアから中国やインドなどアジア諸国への天然ガスや石油の輸出が増えた。ロシアには、新たな外貨資金が積み上がっている。西側諸国にとっては、不都合な真実だ。

人民元だけではない。他の「友好国」つまり、ロシア支持国の通貨もである。インド・ルピーやトルコ・リラなどだ。

●「ロシア、700億ドル相当の購入を検討　人民元など『友好国』通貨」

ロシアはルーブルの急騰を抑えるために今年、最大700億ドル（約9兆7500億円）の外貨を購入することを検討している。中国人民元など「友好的」な国の通貨が対象だという。

その後は投資資金を確保するため、3～5年をかけて保有する人民元を売却する計画。この案は、ロシア政府が10年余り続けてきた経済政策を、事実上反転させることになる。プーチン大統領のウクライナ侵略を受けた米欧などからの制裁で、ロシアは戦略を転換している。

事情に詳しい関係者が非公表の情報だとして匿名を条件に述べたところによると、計画は政府高官と、ナビウリナ総裁らロシア中央銀行当局者による、8月30日の特別「戦略」計画会議で、当初の支持を得た。

こうしたアプローチは、米欧の制裁が、ロシアに経済戦略変更を迫ったことを浮き彫りにする。

2月に始まったウクライナ侵攻に対する制裁で、ロシアは6400億ドルの外貨準備の約半分が凍結されている。外貨準備を、ドルとユーロ以外に分散化する取り組みの効果も、限定的だったことが明らかになった。

戦略計画会議のために準備されたプレゼンテーションは「新たな状況の下では、将来の危機に備えて、流動性の高い外貨準備を積み上げることは極めて困難であり、また得策でもない」としている。

ロシア政府は、原油相場の変動に対応するためドルやユーロでの外貨準備を確保してきたが、「凍結された3000億ドルはロシアの役に立たない。むしろ脆弱性と機会喪失の象徴だ」とプレゼンテーションで認めている。


（ブルームバーグ、2022年9月1日）


そして、このロシアの動きに対して、東南アジアの新興諸国も連動している。

東南アジアは、日本にとって、中国とインドに対する「緩衝地帯（バッファー）」になる。反対に、アメリカから隠れて、中国やインド、中央アジアや中東の国々にまでもつながっていける。ユーラシア大陸との重要な「回廊（コリドー）」にもなるのである。

東南アジアには、インド人が多い。もちろん、各国に2割くらいずついる中国系国民（オーバーシーズ・チャイニーズ）の「華僑」や「華人」が、東南アジア経済を動かしている。このことは、よく知られている。

さらに、マレーシアやインドネシアなどイスラム教国がある。だから、中東のイスラム教の資源国とも、宗教と経済で深くつながっている。マレーシアやインドネシアには「イスラム金融」のシステムがある。だから、中東のオイルマネーが東南アジアへ流れ込んでくる。イスラム教徒のための「ハラル料理」のレストランや専門店もたくさんある。イスラム教のお寺、モスクも、礼拝用の施設も多い。だから、中東のお金持ちたちも、実は、長期休暇（リゾート）で訪れる避暑地は、東南アジアの大都市なのである。

私がタイやマレーシア、シンガポールに行ったときも、ムスリム（イスラム教徒）の旅行客がたくさんいた。女の人は、頭のてっぺんから真っ黒の衣装で、顔も目すらも出さない。顔からすっぽりとかぶるのは「ブルカ」、ガウンは「アバヤ」である。真っ黒の「顔無し」のムスリム女性が、結構いた。

東南アジアの場合、「ソフト・イスラム」と呼ばれる。イスラム教徒の女性たちは、頭にいろいろな模様のカラフルなスカーフを巻いている。顔は隠（かく）さない。これを「ヒジャーブ」と呼ぶ。

これからは、「ウクライナ戦争」と「金融危機」「世界恐慌」、そして「資源・食糧危機」

への〝防衛策〟が必要だ。「総合的な資産防衛の拠点」として、東南アジアは日本から最も近く、最も日本に友好的で、かつ世界で最も平和な場所なのである。

3年間もの、不自然で奇妙な、海外渡航制限の苦しい期間を乗り越えた。私の会社でもついに、「海外視察ツアー」が再開できた。これから、東南アジアの「防衛拠点」としての有効性と活用方法を、現地に飛んで現場に足を運びながら、皆様に提案して行く。

世界の歴史が目の前で激しく動くような時代に、私たちは生きている。だから、徹底して大切な資産を守り抜き、後世のために活かせるよう資産保全をするべきである。いまこの地球上で最も平和で安全な東南アジアで、そのために必要な情報と、実践的な手段を、私から日本の皆様へお届けする。

タイでビザ取得するための最新情報

日本から現金を持って、東南アジアまでビザを取りに来るべきだ。一緒に金（ゴールド）と高級ワインも買い付ければいい。

現金を携（たずさ）えて、タイやマレーシアまでビザを取りに来るべきである。シンガポールにもお金を持ってきて、金地金とハイグレードの上質ワインを出荷前の新酒（プリムール primeur）

で買い付けて、高級品専用の倉庫に預けることができる。そこで値上がりを待つ。個人向けの貸金庫で保全すればいいのだ。関税がかからない空港の保税特区にある。いざというときに外国に避難してきても、手持ち資金がなければ暮らせない。少なくとも、食費と家賃、不動産の管理費や日用品の支払いは必要である。

ゆとりある長期休暇のようなリゾート型の避難生活には、手元でいつでも使える軍資金が必要である。

タイの「リタイアメント・ビザ」は一度取得すると、その日から15ヶ月間（3ヶ月の延長ビザ＋1年ビザ）、自由にタイへ行き来することができる。タイ現地で「銀行口座」も開設することができる。約300万円（80万バーツ）を預け入れるだけだ。このお金は後で引き出せる。

タイのリタイアメント・ビザは、ビザの申請条件や手続きが、マレーシアの長期滞在ビザである「MM2H（マレーシア・マイセカンドホーム）」よりずっと簡素である。ただし、1年ごとに、タイ現地へ行って更新が必要である。なお、マレーシアの「MM2Hビザ」も、5年ごとの更新になった。マレーシアのMM2Hビザは、「更新」の申請と受け取りのために、マレーシアへ2回行かなくてはならない。タイは年1回だけ、半日の手続きで済む。

私の客が、タイ政府（移民局）が発行する「リタイアメント・ビザ」の取得手続きでツア

「リタイアメント・ビザ」は、申請したその日から2ヶ月後に、もう一度タイを訪れる。その場で、1年間の滞在ビザがもらえる。

バンコクの移民局の様子。世界各国から大勢の人たちが、タイのビザを取得しに来ている。

「リタイアメント・ビザ」を取得すると、その日から15ヶ月間（3ヶ月の延長ビザ＋1年間）、自由にタイへ行き来することができるようになる。タイ現地で「銀行口座」を開設し、約300万円（80万バーツ）を預け入れるだけだ。ビザの申請条件が、マレーシアの長期滞在ビザ「MM2H（マレーシア・マイセカンドホーム）」よりもずっと簡素。ただし、1年ごとにタイ現地へ行って更新が必要。なお、マレーシアの「MM2Hビザ」も、5年ごとの更新になった。

タイのビザだって、いつ条件が厳しくされるか分からない。あらゆる特権は「早い者勝ち」である。動けるうちに準備をして、長期滞在ビザだけは取得しておくべきだ。

ーに参加した。60代前半の元気な経営者である。初日は、この手続きのために、バンコクの日本大使館へ行き、必要書類の申請をする。その2日後の朝、大使館から書類を受け取る。そのまま、すぐ銀行へ行って口座開設をする。そこへ80万バーツ（約300万円）を入金する。銀行の支店担当者から、「預金残高証明（Deposit Certificate）」を受け取る。そのまま移民局まで車で1時間かけて移動する。

銀行での口座開設を、支店が開店する朝9時から始めると、1時間くらいで口座は開設できる。だから、移民局には、午前11時過ぎくらいに到着できる。移民局のビザ申請の窓口は、たくさんの外国人が集まり列をなしていた。世界中から、ビザや居住権などの申請に訪れている。タイへの移住の人気がよく分かる。中華系やマレー系のアジア人、西洋白人、インド人やアラブ系の家族連れまで、手続きを待ってごった返していた。

移民局の窓口で申請手続きをした後は、2時間くらい待たされる。その間に、移民局の巨大な吹き抜け天井の建物のなかで、立ち並ぶタイ料理屋の1軒で、おいしいタイ料理（本当に美味しい）を食べながら、時間をつぶした。

このあと、ビザの申請が受理された確認書類を受け取る。そのまま日本へいったん帰国する。そして、2ヶ月の期間をあけてから、もう一度タイを訪れる。そのときに、発行された「リタイアメント・ビザ」を受け取る。パスポートにスタンプを押してもらう。これでビザ

86平米の高級コンドミニアムを「ヨーロッパの高級輸入家具付き」で購入。バンコクの大使館地区という、超一等地にある。目の前に大きなセントラルパークの「ルンピニ公園」が広がる超高級物件。

ディスプレイ用の物件であったため、家具やベッドやソファ、上質な壁紙やカーテン、じゅうたんなど、すべての内装がヨーロッパのブランド輸入家具で設置されていた。ディスプレイの家具やテレビや電灯などの内装もまるごと、展示のまま購入したいと言って決めた客がいた。すべて合わせて、日本円で、約7900万円（2050万バーツ）。家具もあわせておよそ800万円相当のディスカウントをしてもらえた。コロナの3年間、営業ができなかった優良物件は値引きさせやすい。コロナ明けの今こそ、「買い時」である。

の取得は完了である。

それから、この客は、86平米のコンドミニアムを購入した。輸入家具付きである。前回の本で私が紹介した、各国の大使館地区にある、目の前に「ルンピニ公園」という大きなセントラルパークが広がる超一等地の物件である。

この物件はすでに、コロナ危機が始まった2020年に完成していた。しかし、「コロナ規制」で外国から人が来なくなった。タイ国内でも、人の集まりや移動がずっと制限されていた。だから、この2年近く、物件を見に訪れる客もいないまま、ずっと放置されていた。

ディスプレイ用に、家具やベッドやソファ、そのほか、上質な壁紙やカーテン、じゅうたんなど、すべての内装がヨーロッパのブランド輸入家具で設置されていた物件である。この客は、これを気に入って、そのままディスプレイ用の家具や内装までまるごと購入したいと言って決めた。すべて合わせて、日本円で約7900万円（2050万バーツ）であった。

実際の販売価格と、ディスプレイされているすべての輸入家具や内装品を含めた総額は、2250万バーツ（約8700万円）相当であった。つまり、800万円のディスカウントで購入できた。完成してから2年間もディスプレイされていた家具が、展示品のままだからというのが理由である。今は「買い手市場」なのである。

日本にいながら海外でゴールドバーを購入し、海外で保管する

こうして外国の不動産も保有することができる。タイで銀行口座を開設し、ある程度の資金をプールしておく。海外で金地金（ゴールドバー）も購入できる。これで、今後、日本国内で金融・財政危機が起きたときに、タイへ「一時避難（中・長期滞在、ロングステイ）」をするための「軍資金」の準備ができるのである。まさに、あなた自身の人生の「準備金（ゴールド・リザーヴ Gold Reserve）」である。金はあらゆる危機、緊急事態に対する保険になる。必ずあなたを救ってくれる。

さらに、タイの「リタイアメント・ビザ」を取得していれば、外国へすでに出して保全してあった資産を糧にして、長期滞在をゆったりと余裕をもって過ごすことができる。

本当の、本格的な、海外における「資産保全」とは、こうした世界レベルの情勢を読んだ上で、進めて行くべきである。

タイやシンガポール、香港へ持ちこんだ日本円の現金は、外国の口座へ預けることができる。だからそのあとは、日本に帰ってから、「インターネット・バンキング」で、海外へ持ち込んだ日本円の現金を、香港やシンガポールの金地金の卸業者へ送金すればいい。ゴール

ドバーは、香港やシンガポールの、ハイレベルの高級品専用貸金庫へ入庫してもらえる。あなたは、日本にいながら、委任状に一筆サインをして送るだけである。

海外で購入した金地金（ゴールドバー）であっても、その実物の画像や、高級品貸金庫へ入庫する作業の様子などを、すべてクリアなデジタル画像で日本へ送ってもらえる。だから安心である。こうした手続きは、すべて、日本から書類（委任状、ＰＯＡ＝パワー・オヴ・アトーニー）へ署名するだけで、指示ができる。

コロナ規制がかなり緩和されて、タイ、マレーシア、シンガポールへ行けるようになった。香港も、この3月からついに、「ワクチン接種」も「ＰＣＲ検査」も「隔離期間」もいっさいの規制なしで、入国できるようになった。１０９ページで詳細を書く。私の会社でも、この4月から、いよいよ「香港ゴールドツアー」を再開する。本当に良かった。

いずれにしても、外国の現地まで、コロナなどの特殊な理由だけではなく、忙しくてなかなか行けないという方たちでも、日本にいながら外国で金地金を購入できる。そして、高級品専用の貸金庫に預けておくことができる。現地に行く場合でも、香港であれば、金曜日の夕方、仕事上がりの足でそのまま空港から飛行機に乗り込めばいい。午後4時～7時台の便で香港時間の夜8時～10時には到着できる。香港の銀行は、土曜日の午前中も営業している。だから必要な手続きは十分にできる。金（きん）を購入したり、高級品貸金庫にも預けられる。急ぐ

「アジア発のデジタル通貨」が、東南アジアの国々でも流通するようになる。新興大国共通のデジタル通貨である「ブリックス・ペイ」や「デジタル人民元」である。アジアの国に口座があれば、日本人でも使えるようになる。

プラスチックのクレジットカード型の「デジタル人民元」も開発されている。スマートフォンを持たない世代の中国人でも、カードでデジタル人民元を保有できる。カードの右上に液晶で、残高や支払額などが表示されている。

アプリはスマホで自由にダウンロードできる。

「ブリックス・ペイ」や「デジタル人民元」は、「米ドル」に頼らない、新しい国際決済システム（国際通貨）だ。新興5大国のブリックス（BRICS）の間で、開発が進んでいる。香港やマカオだけでなく、タイ、マレーシアなど東南アジアのASEAN10ヶ国のどこかに銀行口座を持っていれば、日本人でも、支払いに使えるようになる。スマホに「ブリックス・ペイ」や「デジタル人民元」のアプリをダウンロードし、海外の預金をチャリンチャリンとチャージして使う。アジア諸国で保全しておいた資産で、将来、支払いができるようになる。

なら、その日の土曜日の夜の便で日本に帰ればいい。しかし、もう一泊くらいして、日曜日にゆっくり帰国するのがいいだろう。

このシステムを利用して、余裕資金の半分は海外で、「実物資産」の金地金（ゴールド）に換えてしまうべきである。

金（ゴールド）の価格が、少し下落しているタイミングで、外国で金地金（ゴールドバー）に換えて、保全しておくべきである。金地金は、あらゆる金融危機や大恐慌、ハイパーインフレーションや戦争などに対する「保険」の役割を果たしてくれる。「インフレ」を恐（おそ）れるのなら、「金（きん）」がその対抗策（リスクヘッジ）になる。

アジア各国の政府は、世界の情勢に合わせて、これから「ブリックス・ペイ」や「デジタル人民元」など、さまざまな新しい国際決済・通貨システムを構築する。そのときに、このようにして海外に分散して保全している資産は、その仕組みを利用して使えばいいのである。

経済成長をしている東南アジアの国々は、日本の国内でこれから「預金封鎖」や厳しい「資産課税」や「新円切り替え」、「リデノミネーション」などが強行されても、いっさい関係ない。ほかの国のできごとである。

日本の政府のように、国民の資産や国内経済まで「犠牲」にして、国家体制の補強や金融統制をする必要がまだない。日本国内の資産こそ、大きなリスクに晒（さら）されている。

だから、経済成長が続いて、国が明るくて、国民が若くて元気で、活気とやる気にあふれる東南アジアの国々に、資産を半分だけ分けて置いておくべきである。これが重要な資産保全になる。

そして、いざという時には、さっと飛行機に乗り込んで、半年でも1年でも過ごせるように、長期滞在ビザや住居や銀行口座などの、拠点を準備しておくべきなのである。

海外でも「出口戦略」（エグジットストラテジー）が重要

日本の資産家、富裕層、小金持ち、新興の若いお金持ち(ニューリッチ)たちは、とにかく、その手もとにある現金、預金、保険や投資信託、個人年金などの金融資産や金融商品をさっさと解約するべきだ。これらはすべて「ペーパーマネー」である。ペーパーマネーとは、紙切れになる資産のことである。

そして現金化したら、その現金をカバンに入れて飛行機に乗り込んで、できるだけ早く海外のアジア諸国に、移動させるべきである。大きな世界動乱が起きても、東南アジアの国々は耐えられる。そのとき日本はスッカラカンになる。すでにアメリカに、大量の国民資産を投じさせられているからだ。

③マイナンバーカード、インヴォイス制度、デジタル円によるビッグデータで「監視国家」に。そのまま「統制国家」から

④「軍国主義」、そして、周辺国との「戦争」へ

この4つ。

②資産家や経営者などの富裕層への「大増税」。さらに、資産を差し押さえるための「預金封鎖」へ

相続税 ある国、ない国

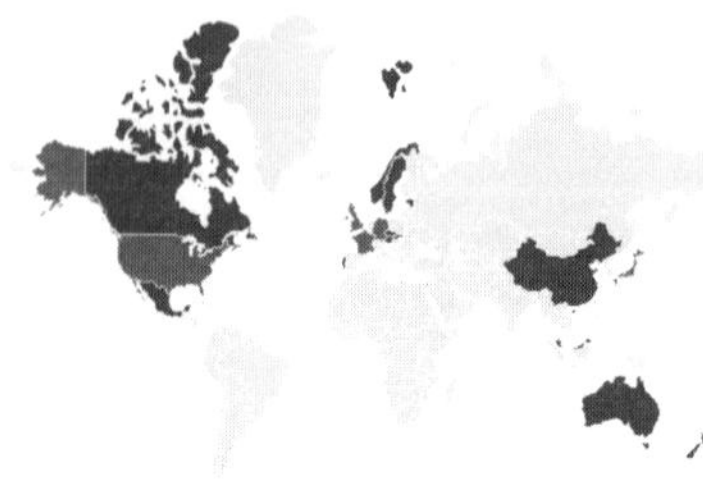

主要国の相続税率比較

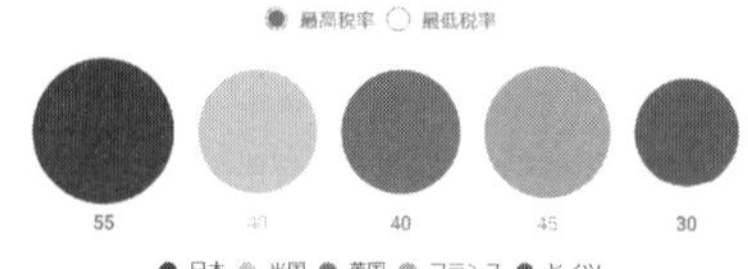

「相続税」がある国は、世界で 44 ヶ国（25%）しかない！

先進国で「相続税」があるのは、日本、アメリカ、イギリス、フランス、ドイツだけだ。その中でも、日本の相続税率は最大。国民の「財産」に対する激しい侵害、収奪、略奪だ。

③「監視・統制国家」から ④「軍国主義」そして「戦争」へ

あなた自身も、あなたの子供も孫たちも、この中の１人になる。どうして、政府や高級官僚たちのために、私たち「国民」が犠牲にならなければならないのか。

海外に資金を持ち出したら、もう日本には戻さない、という覚悟が必要である。資産を日本の国内に置くリスクは、

① 地震や台風、水害、火山噴火などの「自然災害」
② 金融危機や財政破綻による「大増税」「預金封鎖」「ハイパーインフレ」↗

① 地震や台風、水害、火山の噴火などの「自然災害」

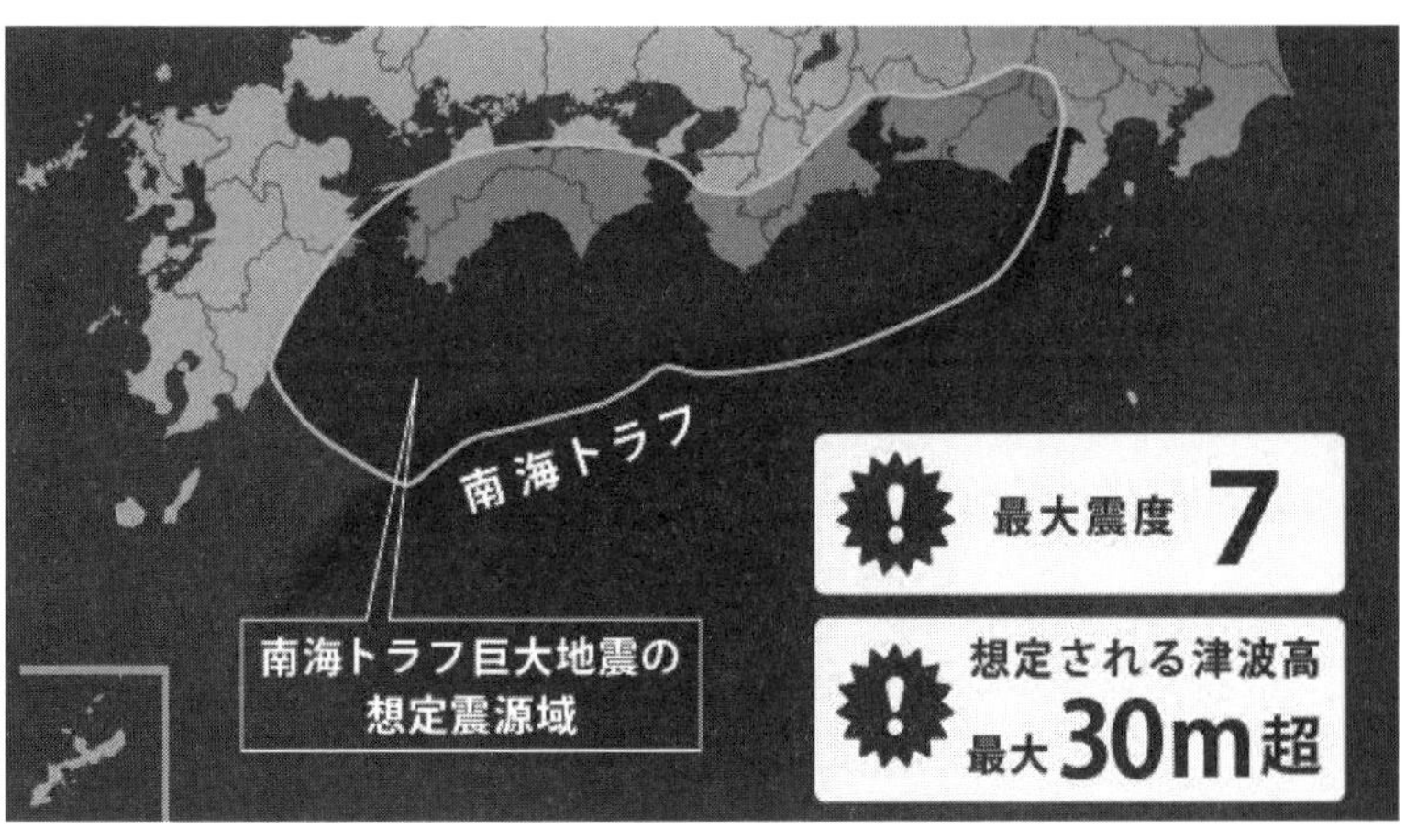

「南海トラフ地震」は、あと20年以内にいつ起きてもおかしくないと言われ始めた。

「資産を日本の国内に置くリスク」を避ける（ヘッジする）ために、一部の資産を外国へ持ち出す。いざというときは、日本を脱出（エグジット）できるようにする。これで「ポートフォリオ」は完成である。外国で保全を続けることが重要だ。それで、国内とのバランスが保たれる。日本に戻してしまうと、「金（ゴールド）」も「不動産」もまたリスクに晒される。外国の資産を引き継ぐときも、必ずそのまま外国で行う。

アジアへ持ち出していたあなたの資金は、先に書いた、ロシアのプーチン大統領が言い出した「ブリックス・ペイ」や「デジタル人民元」の形にして、海外で買い物や支払いに使えばいい。外国人観光客の「インバウンド」のために、いずれ日本でも使えるようになる。

これからこの「ブリックス・ペイ」と「デジタル人民元」が、米ドルに代わる国際決済通貨として、現実になるだろう。欧米の没落（ぼつらく）は、予想以上に早い。

ただし、海外に資金を持ち出したら、もう日本には戻さない。この覚悟が必要である。このことは、前作でも書いた。日本国内にいることのリスクを避ける（ヘッジする）ために、一部の資産を外国へ持ち出すのである。それで、「ポートフォリオ」は完成である。外国に置いてあるから、日本国内とのバランスが保たれる。だから、引き継ぎもそのまま外国で行うべきである。

「日本の国内に資産を置くリスク」を避けるために、資産の一部を外国へ持ち出す。いざというときは、日本を脱出（エグジット）できるようにする。このことを、これまでずっと書いてきた。

資産を日本に置いておくことのリスクは、以下の4つである。

①地震や台風、水害、火山の噴火などの「自然災害」に襲（おそ）われるリスク

②金融危機や国債の金利の急上昇などによる「国家財政の破綻（はたん）」、それを防ぐための理不

尽な「大増税」、さらに、国民資産を差し押さえる「預金封鎖」、そして通貨の価値を紙切れにしてしまう「ハイパーインフレ」が、政府主導で引き起こされるリスク

③マイナンバーカードやインヴォイス制度、デジタル円（デジタル通貨＝ＣＢＤＣ）の普及による、国民の経済活動と資産状況のすべてを、財務相と日銀、税務当局がビッグデータで把握する「監視国家」のリスク

④「統制国家」の体制が完成することで、一気に「軍国主義」の戦時体制へ。日本に130ヶ所ある米軍基地から、アメリカ主導で中国との「戦争」へ引き摺り込まれるリスク

以上4つの、重大な「ジャパン・リスク」が、すでに存在している。だから、海外に資産の半分を持ち出したら、その半分はもう日本には戻さないことだ。これは、重要なポイントである。外国に資産を移して保全する場合、外国でそのまま引き継ぎをすることだ。そのための「出口戦略」（エグジットストラテジー）である。

「出口戦略」とは、その資産を「売るか、引き継がせるか」の決断である。前著でも書いたとおりだ。一筆サインをするだけで、外国の資産が引き渡されるように、先に用意をしておくべきである。

みな自分は元気で「まだ先は長いよ」と本気で考えている。それから、毎日の人生が忙し

い。だから、自分が死んだときのことを想定していない。だから残された親族やまわりの人たちが困らないように、整理や準備をしておくことに、なかなか時間を割けない。しかし、急に亡くなると、残された家族が困ってしまう。とくに資産家のあなたは、あちこちに資金を置いたり、預けたり、不動産や高級品として保有している。だから、それらをすべて把握して、誰に引き継がせるかを決めておかないといけない。生きていて、頭がしっかりして、動ける間に、である。

さもないと、政府の税金官僚たちにまるごと取り上げられてしまう。ただでさえ55パーセントも、つまり半分以上も「相続税」で持っていかれる。それまで、所得税やら住民税やら、消費税やら固定資産税やら、さんざん払わされたあとの残金である。これは「二重課税」「三重課税」そのものである。この議論も、おおやけのメディアでは取り上げない。

アメリカであっても資産額1291万ドル（17億円）以上の富裕層しか、その対象にならない。かつ、課税率は、18パーセントからである。最高でも40パーセントまでである。先進国で数少ない相続税のあるドイツ、フランス、イギリスでも、相続税の最高税率は40パーセントを越えなかった。しかし近年、フランスが45パーセントに上げた。それで相続税を廃止するべきだという、大きな議論が巻き起こった。それでもフランスは、配偶者（奥様）への相続税はゼロである。

中国もインドもオーストラリアもカナダもニュージーランドも、ブリックス諸国にも、「相続税」はない。死んだ人から、その遺産の半分以上奪い取ってしまうような、野蛮で無慈悲で人道にも人権にも反する悪税制は、世界の主流ではない。

将来、あなたの子供や孫が仕事で東南アジアに配属になる。アジアの大学へ留学する。アジアで事業を立ち上げる。もうすぐそういう時代になる。あなたが外国に移した資産は、このときの活動資金になる。未来の日本の若い世代のために、活きるお金になる。だから海外で上手に引き継ぐ準備を、いまからすぐに始めるべきである。

「英文認証済みコピー」は必要か

外国の資産は、そのまま外国で引き継ぐこと。決して、何があっても日本に戻してはいけない。外国の銀行口座も、貸金庫も、不動産も「共同名義（ジョイント・ホールド）」で利用することができる。

世界の超資産家たちから、あらゆる高級実物資産を預かっているスイスやシンガポール、香港の高級品専用の倉庫や貸金庫は、政府の干渉や、関税などの課税を受けない。何十年も、何世代も、実物資産を預かり続けている。空港や港湾にある「保税地区」（フリーポート、自由港）である。

とくに海外の貸金庫に「共同名義人」（ジョイント・ホールダー Joint Holder ）を加えることは、日本にいながらできる。共同名義人として加える人物の詳細事項を、申請フォームに記入して本人の署名をするだけである。それをパスポートのコピーと運転免許証のコピーとともに、郵送で提出する。「共同名義人」になる人が、香港やシンガポールの現地にまで行く必要はない。これが、実物資産で保全するときに、とても便利なポイントである。

「銀行」では、そうはいかない。必ず、口座を開設する名義人となる本人が、海外の現地の窓口まで、顔を見せに行かなければならない。英語でのやり取りも求められる。

このような海外での手続きで、パスポートは「ＩＤ」（アイデンティフィケイション、身分証明）として取り扱われる。一方、運転免許証は、「住所証明書」（アドレス・プルーフ Address proof ）として受理される。

パスポートは英語表記なのでいい。しかし、日本の「運転免許証」も、「住民票」も「健康保険証」も、すべて日本語である。外国ではそのまま使えない。読んでもらえない。しかたがないから、翻訳業者に依頼して英語訳を添える。しかし、さらにその英語訳の内容や、書類のコピーが偽造や意図的な誤訳ではないということを、国際弁護士などに依頼して英文で認証してもらう必要がある。これがとても面倒である。

たとえば、外国の銀行から「身分証明書（ID）」のコピーを提出するよう求められる。このときも、ただパスポートのコピーだけを、そのまま一枚送りつけても受理してもらえない。

そのコピーがもとのパスポートをそのまま映し出した「本物」のコピーである。偽造や修正はされていません、ということも、やはり、公正な第三者に英語で書類を書いてもらう必要がある。これを「英文認証済みコピー」（certified copy〔サーティファイド コピー〕）と呼ぶ。

しかし、実は日本にはなぜか、そのような国際的に通用する英文の認証書類や、定型の英文レター類を作成できる弁護士や司法書士が、極端に少ない。恥ずかしいというより国家体制としておかしい。

マレーシアでもタイでも中国本土でも、香港やシンガポールなどの特別な国際金融国家でなくても、弁護士（Lawyer〔ロイヤー〕）といえば、英語が話せるのが当たり前である。なぜなら、英語ができないと、弁護士資格が取れないシステムだからだ。実際、弁護士としての仕事もこなせない。日本だけは、今のところそうなっていない。こんなことで、これから日本の弁護士は生き残れるのだろうか。

だからとにかく、日本国内で、パスポートのコピーや公文書の英訳に対する「英文認証」を取得するのは、とても大変である。いちおう公証人役場が、パスポートや運転免許証のコピーの、英語の認証レターを作れることになっている。しかし、その書類の形式は、なぜか世界基準の文面になっていない。

こちらから、書面の形式などを提示して、そのように作るようお願いしても、かたくなに拒（こば）まれる。理由は分からない。やはり、古くさい役場のままなのだ。

公証人から一言（ひとこと）、英語で「私はここにコピーされているパスポートの現物を見た。そして、このパスポートのコピーにある画像や文面が、原物と変わりない（偽造や改ざんなどされていない）正確なコピーである。顔写真があるところは、写真の当人そのものであることを、ここに認証する」"Having seen the original I certify this as a complete and accurate copy of the original document. Where the document contains a photograph, the photograph contained in the document certified bears a true likeness to the person."という、お決まりの一文を、パスポートのコピーの余白に書いて、直筆で署名（サイン）をするだけのことである。

それを、日本の公証人役場は作ってくれない。決してこの一文を入れない。悪用されたときに、外国とのあいだで責任問題に巻き込まれることを恐れて、避けているのだろうか。何を怖がっているのか。公証人役場のトップは、法務省、裁判官、検察官から天下りしてきた、お役人さまたちである。

公証人役場のトップは、法務省、裁判官、検察官から天下りしてきた、お役人さまたちである。

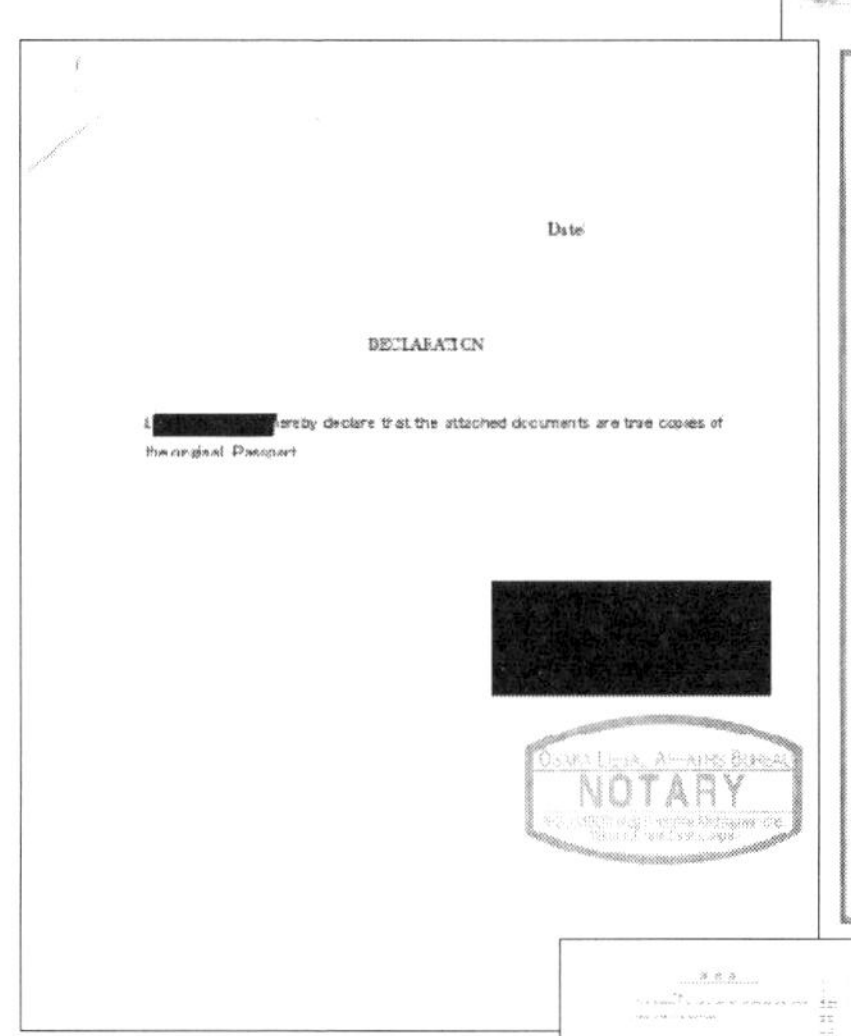

Date

DECLARATION

I, ■■■ hereby declare that the attached documents are true copies of the original Passport.

認証簿冊令和3年第 3●号

嘱託人■■は、本職の面前で、別紙添付の書面に署名した。
よって、これを認証する。

令和3年●月●日、本職の役場において
大阪府■■市■■町1丁目■番■号
大阪法務局所属

公証人 ■■ ■■

Registered No 3● (2021)

NOTARIAL CERTIFICATE

This is to certify that ■■■ signed the attached document in my presence on October ●, 2021.

■■ ■■

■■■■

Notary, attached to
Osaka Legal Affairs Bureau
●-● 1-chome, XXX-cho,
XXXXX-chi, Osaka, Japan.

大阪法務局所属公証人役場

日本の公証人役場が作成する「英文認証レター」。この内容と形式では外国で通用しない。なぜ、世界基準にしないのか。

●「実働10分で5万円稼げる天下り先「公証人」を知ってますか　廃止案に法務官僚が猛反発」(『週刊現代』2018年6月12日https://gendai.media/articles/-/55446)という記事。法務官僚たちの「天下り先」として公証人が、特権的な「利権」である実態が暴かれた。「毎日暇で年収2000万円」という。

「私は確かに、原物のパスポートと見比べて、このコピーが偽造でない正確なコピーであることを認証する」という、お決まりの英文を、パスポートのコピーの余白に書いて、直筆で署名（サイン）をするだけである。ところが、日本の公証人役場が作る「英語認証レター」は、決してこの一文を入れてくれない。外国との責任問題に巻き込まれるの恐れて、避けているのか。何を怖がっているのか。

「実働10分で5万円稼げる天下り先『公証人』を知ってますか　廃止案に法務官僚が猛反発」（『週刊現代』２０１８年6月12日。https://gendai.media/articles/-/55446）という記事で、法務官僚たちの「天下り先」として公証人が、特権的な「利権」である実態が暴かれていた。なんと「毎日暇で年収２０００万円」なのだという。あの公証人役場で、のんびりと構えて、最後に認証スタンプかなにか押してくれる、あの、お爺ちゃんたちのことである。

だからとにかく、日本の公証人役場が作成する「英文認証レター」は、外国では通用しない。なぜ、世界基準にしないのか。日本という国は、本当に不思議な国である。

ちなみに、日本の公証人役場で「英語の認証レター」を依頼すると、前ページのような書類を渡される。

世界基準で通用するお決まりの、「私は確かに、原物のパスポートと見比べて、このコピーが偽造でない正確なコピーであることを認証する」という英語の定型文の代わりに、以下のようなおかしな、日本語としても意味不明の英文にサインだけして、お茶を濁すのである。

どういうことかというと、公証人が、パスポートの現物とそのコピーの両方を見比べて、「私、公証人の○○○○は、パスポートの現物を見て、このコピーがその現物と同じ内容の正確なコピーであることを、ここに認証する」と書けばいい。ところがその代わりに、パスポートの所有者本人に、「私、××××（パスポートの本人）は、この添付の書類（パスポートのコピー）が、原物のパスポートの本物のコピーであるということをここに宣言する」という不思議な英文レターにまず、サインをさせる。

そしてそのあと、この公証人が何をするかというと、「依頼を受けた公証人の〇〇〇〇は、このパスポートの所有者である×××が、私の面前で、〝この添付の書類（パスポートのコピー）が、原物のパスポートの本物のコピーであるということをここに宣言する〟という自己証明文に、署名をした。その事実を認証する」という、複雑怪奇な文章に、サインをするのである。

つまり、この公証人は、自分では決して「私は、このパスポートのコピーが正確な（偽造されていない）コピーであることを、ここに認証する」とは書かない。認証もサインもしてくれない。

その代わり、パスポートの所有者本人に、自分で「このパスポートのコピーは、本物である」と英語の文章で宣言させて、サインをさせる。そして、「私は、公証人として、そのサインをする様子だけを見ていたよ。その事実だけは、認証するよ」という言い方で、お茶を濁すのである。

おかしなシステムである。だから、外国でこの公証人役場の英語の認証書類を出しても、これじゃダメだ、文面がおかしいといって受け取ってくれないところがたくさんある。それで、困り果ててしまうのだ。

「国際運転免許証」だけが、外国で通用する日本政府の公文書だ

長くなったが、だから、結論として、日本で英文のコピー認証を苦労して用意するくらいなら、日本の免許センターに行って、「国際運転免許証」を発行してもらうほうがずっと簡単である。

外国で「英語の住所証明書」が必要なときは、日本の免許センターに行く。そして、「国際免許証」を発行してもらえばいい。公証人や弁護士に、苦労して、英訳や英文認証などを頼むよりもずっと簡単である。「国際免許証」であるから、すべて英文で書かれている。日本の運転免許証にある住所が、英語表記で記載されている。本人の顔写真までついている。発行している役所名（公安委員会 Public Safety Commission）と、その代表責任者のサインなども記載されている。

日本の「国際免許証」が、外国で唯一(ゆいいつ)通用する、日本政府発行の公文書である。日本の役所は、なぜか、英語の書類はいっさい発行してくれない。

免許センターに行けば、その場で発行してくれる。近所の警察署で申請すると、1週間ほ

外国で「英語の住所証明書」が必要なときは、日本の免許センターに行って、「国際免許証」を発行してもらえばいい。公証人や弁護士に英訳や英文認証など頼むよりずっと簡単。

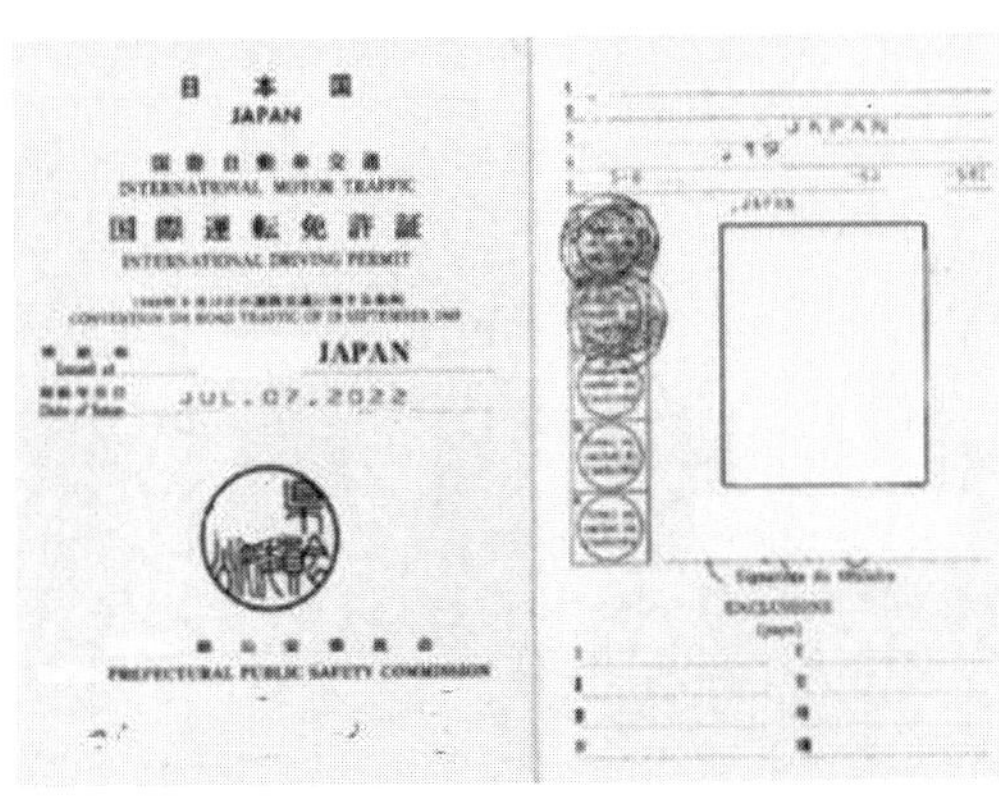
日本国
JAPAN
INTERNATIONAL MOTOR TRAFFIC
国際運転免許証
INTERNATIONAL DRIVING PERMIT
JAPAN
JUL.07.2022
PREFECTURAL PUBLIC SAFETY COMMISSION

日本の「国際免許証」は、海外でも「住所証明」として通用する。日本の役所から、英語で発行される唯一の公文書だ。有効期限は1年間。

日本の運転免許証があれば、「国際免許証」はすぐに取得できる。

「国際免許証」であるから、すべて英文で書かれている。日本の運転免許証にある住所が、英語表記で記載されている。発行している役所名（公安委員会 Public Safety Commission）と、その代表責任者のサインなどが記載されている。外国で唯一通用する、日本政府発行の公文書である。日本の他の役所は、なぜか、英語の書類はいっさい発行していない。近所の警察署で申請しても、1週間ほどで自宅まで郵送してくれる。

どで、自宅まで郵送してくれる。

子供や孫に「引き継ぐ」ときの注意点

それから、外国での「引き継ぎ」で重要なことは、引き継ぐ人が、外国で資産を管理することに興味があるかどうかである。そして、その意義を理解しているかどうかも、大事である。だから、もしお子さんやお孫さんに、外国の資産を引き継ぎたいと考えているのなら、早いうちから、まずは一緒に海外旅行に出かけるべきである。

ただし、いきなりお金の話をしてはいけない。若い人たちに、自分のお金を引き継ぐ話などしてはいけない。子供でも孫でも、若い人が、自分がいずれ大きな金額のお金をもらえると分かると、それを当てにするようになる。期待をして、働かなくなる。これは本当だ。これは、子供たちが悪いのではない。期待させる親のほうが悪い。

だから、お金が引き継がれることを、あまり早い時期に話してしまってはいけない。それで、その代わりに「おまえは、将来、外国でいろいろと仕事をしたり、事業をしたりすることに興味はあるか?」という言い方をするのである。

そうして、巨大な貿易港や、国際金融都市の香港やシンガポール、それから、タイやマレーシアなど、東南アジアの高度成長を続ける国々に連れて行く。そこでいろいろと見せてあげるのがいい。

その際に、外国の銀行にも立ち寄って口座を開設したり、高級絵画や美術品、高級ワインなどが管理されている保税地区の高級倉庫を一緒に訪れて、いろいろ話して聞かせるのである。日本の「高度経済成長」を知らない若い人たちは、成長するアジアの騒然とした熱気に驚いて、感動するそうである。

その若い後継者に能力があって、かつ、アジアの国々を好きになって、筋がいいと思ったら、その人に引き継がせることにする、と決断する。

今の若い人は、「インターネット・バンキング」や「モバイル・バンキング」を、スマートフォンのアプリで難なく使いこなす。「デジタル・ネイティヴ」世代である。海外のネット作業など、あっという間に覚える。一緒に英語も覚えられる。あなたは苦手で大変だろうが、デジタル時代に対応できる若い世代に引き継ぐべきである。

香港へ外国人もついに入国できるようになった!

昨年の2022年12月に突然、中国で、第3期目をスタートした習近平政権が、「ゼロコロナ政策」を急激に緩和し始めた。

その流れのまま、今年の1月8日には、「ゼロコロナ」政策が正式に撤廃された。

●「隔離無しの入国に喜び……天津に到着便
中国〝ゼロコロナ緩和〟国際線の便数制限も撤廃へ」

中国はゼロコロナ政策の緩和にともない、これまで義務付けていた海外から中国本土へ入る際の隔離措置を8日から撤廃した。

8日午後、成田から中国・天津に入国した人たちは、強制隔離されることなく続々と到着口に姿を見せた。

「本当は年末に中国に入る予定だったが今回の隔離撤廃のニュースを見て今日の飛行機に変えた。すぐに入国できるのは快適です」「これまで何度か隔離を経験しているので、隔離が無いのはとても良い。今後は日本と中国の往来が増えていくと思う」。入国した人たちからは、隔離なしのスムーズな入国を歓迎する声が聞かれた。

中国は新型コロナの感染が拡大した2020年以降、海外からの入国者に対して1週間から3週間ほどの隔離を義務付けていた。

この隔離は段階的に縮められ、7日までは5日間の強制隔離と3日間、自宅での健康観察となっていたが、8日からは出発前48時間以内のPCR検査で陰性であればそのまま入国できることになった。

中国は今後、国際線の便数制限も撤廃する方針で、海外との交流を正常化させ低迷する経済の回復につなげたい狙いがあるとみられる。

（FNNプライムオンライン、2023年1月8日）

しかしこの中国政府の動きに対して、アメリカとヨーロッパが、「中国人と香港人に対する入国制限」を言い始めた。「ゼロコロナ政策」を突然やめた中国の習近平政権に対する嫌がらせである。「中国人は、まだ入って来てはいけない。中国国内で、またコロナ感染者が急増しているから」と、アメリカやドイツ政府が、中国人差別を言い始めた。

しかしこの動きに、日本や他のG7諸国や、韓国、オーストラリアなど、いつもの「西側諸国」と、タイやマレーシアなどいくつかの国が続いただけだった。だから、いつの間にかうやむやになった。それでもまだ、あのにぎやかでうるさい「中国人団体旅行客」の姿は、3月現在まだ、日本国内では見かけることはない。その理由を中国人の友人に聞いた。中国人の海外渡航が解禁されたのがまだ個人旅行に限られていること。団体旅行の再開は、国ごとに段階的に行われていること。3月時点ではまだ、日本は解禁されていないこと。それと、中国から海外への航空券が、通常よりも高騰しているから、ということであった。

中国政府は、これから中国人を、海外旅行へ少しずつ送り出すようになるだろう。香港には、本土の中国人旅行客が大量にあふれていた。私は、3月の後半に、コロナ規制のあと初めて香港を訪れて驚いた。香港は、コロナ前のあの混雑と騒がしさにすっかり戻っていた。香港は、今年の2月6日から、本土の中国人ばかりでなく、世界各国からの旅行客も、いっさいの「隔離期間」や「ワクチン接種証明」の提示もなく、入国が認められるようになった。

3月になって、「PCR陰性証明」を見せる必要もなくなっていた。

だからついに、私の会社でも「香港ゴールドツアー」を、4月後半の日程で、開催の予定を立てることができた。まさに、3年と3ヶ月が過ぎ去っていた。

いっさいの「隔離期間なし」「ワクチン証明」も「PCR検査」も不要、香港国内での「行動規制なし」で、コロナ規制が始まって以来ついに3年ぶりに、香港ツアーが再開される。

今年の中国の「旧正月」（春節、中国人の正月）が、1月22日であった。この前後1週間で、恒例の「民族大移動」が起きていた。

ついに香港へ、「隔離期間」無し、「ワクチン接種証明」無し、「PCR検査」無しで、入国できるようになった! 急いで資産を持って、香港を訪れるべきだ。

今年、1月15日から、中国本土と香港を結ぶ高速鉄道(ハイ・スピード・レイル)も、やっと運航を再開した。

1月22日の「春節(旧正月)」の前後には、中国人がいっせいに国内を行き来する「中国国民の大移動」(グレート・マイグレーション)が起きた。「コロナ危機」以来3年ぶりだった。中国で21億人が移動した。

中国と香港を結ぶ高速鉄道も動いた。本土の中国人は、すでに香港にあふれている。ついに3月から、外国人観光客も、香港へ入るための「隔離期間」や「ワクチン証明」、「PCR検査」も、いらなくなった。さあ、急いで香港へ出かけよう!

ニュースでも報道されていたが、中国本土では、昨年（2022年）の11月27日から、北京や上海などを始め、中国全土の大都市で、「反・ゼロコロナ政策」のデモが起きた。欧米の反中国のメディアも、「天安門事件」がまた起きるか、などと煽(あお)っていた。しかし、習近平政権はこれをきっかけに、素早く、コロナ規制の緩和を始めた。

だから、この中国本土の動きが、香港における外国人の入国規制の緩和を、さらに加速させた。中国人民21億人が動いた。

そもそも、12月までの、大げさな上海の「ロックダウン」は、政治そのものであった。上海という中国の特殊な商業・金融都市は、「反・習近平派」の牙城(がじょう)であった。

習近平の3期目の就任を阻止するために、あらゆる策謀や政治工作が準備されていたという。だから、習近平は、あれほどあからさまな「上海大封鎖(ロックダウン)」で、上海を中心とする中国の巨大都市を、徹底したコロナ政策で遮断した。

厳しい都市封鎖の間に、こうした習近平の「失脚」を狙って暗躍していた人間たちを一掃したようだ。

それ以上のことは分からない。

HSBCの「インターネット・バンキング」の画面とログインの手順がまた……変わった

HSBC（香港上海銀行）の「インターネット・バンキング」のログインの手順が、また変わった。セキュリティの強化と、さらなるデジタル化のためである。新しいログイン方法では、スマートフォンとその携帯番号を、銀行に登録することが必須になった。私の会社でも、新しいログインの手順に関するサポートを提供している。が、スマホやアプリを使っての登録作業は、本当に大変である。

海外の銀行のほうが、日本よりさらに完全な「デジタル化」で先行している。これが現状である。

日本国内の銀行が、必死にまねをして、これに追いつこうとしている。もう「技術大国日本」どころではない。

中国や香港、アジア諸国のほうが、スマホの電子決済の普及率が高い。だから、スマホのアプリを使いこなすことにも慣れていて、アジア人たちはすぐに適応する。

日本国内の銀行や企業は、会計システムのデジタル化（DX）に懸命だ。さらに、日本政府は、日銀（日本銀行）が発行する日本円の通貨そのものを、「デジタル円」にしてしまうつもりである。中国の「デジタル人民元」に対抗する必要からだ。

今、世界では、国が発行する「デジタル通貨」のシェア争いが起きている。もっと言えば、新しい国際通貨システムの「覇権（はけん）争い」である。まさに今、目の前で展開されている。気づいていないのは、私たち日本人だけである。以下の記事が、その現況を解説している。

●「『デジタル円』は良薬か劇薬か　銀行システム、二分化へ」

日銀が２０２３年から「デジタル円」の発行に向けて民間銀行と実証実験に入るという。「PayPay（ペイペイ）」のような民間サービスが急成長する中で、中央銀行自らデジタル通貨を検討するのはなぜなのか。背後には中国との新たな通貨覇権争いがある。デジタル通貨は劇薬でもあり、今の銀行システムを二分化する可能性もある。

ＣＢＤＣが銀行預金を駆逐？

中銀のデジタル通貨はＣＢＤＣ（Central Bank Digital Currency）と呼ばれる。中国は既にデジタル人民元の実証実験を進めており、スマートフォンにＣＢＤＣを取り込んで、買い物などに使えるようにしてある。日本のスマホ決済と使い方は変わらないが、小売店は手数料がかからず代金をデジタルで即座に受け取れる利点がある。

日本だけでなく、米連邦準備理事会（ＦＲＢ）もデジタルドルの検討に入り、欧州中央銀行（ＥＣＢ）は２０２６年以降のＣＢＤＣ発行を見据える。ＦＲＢ元理事のケビン・ウォルシュ氏は「デジタル人民元の導入が、米ドルの支配的地位を脅かしている」と指摘し、中国に対抗してデジタルドルの早期導入を呼びかける。

日米欧が中国を警戒するのは、同国の投融資を受け入れる東南アジアやアフリカなどでも、デジタル人民元が広まる可能性があるからだ。デジタル人民元が企業間取引に広がれば「中国に進出するあらゆる企業が使わざるをえなくなり、新たな国際決済規格になってしまう」（日銀関係者）。デジタル人民元は世界通貨体制のゲームチェンジャーになりうる。

ただ、デジタル人民元の実験はスマホ決済の一部などにとどまっており、当初見込まれたほどのスピード感がない。中国人民銀行がＣＢＤＣの研究に着手したのは２０１４年。８年たっても正式発行にこぎ着けられないのは、ＣＢＤＣそのものが銀行システムを一変する劇薬になる懸念があるからだろう。

例えば、ＣＢＤＣは銀行預金を駆逐してしまう可能性がある。マネーは大きく預金と現金にわけられる。ＣＢＤＣは基本的に現金をデジタルに置き換えるものだ。預金は銀行が破綻してしまうと手元に戻ってこない可能性があるが、現金は基本的に手元に残る。ＣＢＤＣはスマホの中にある現金のようなもので、預金と違って原則的に消失リスクはない。

そうなると、生活者はマネーを銀行預金から安全性の高いＣＢＤＣに置き換えていくだろう。みえてくるのは、デジタル円を使って決済・送金サービスに特化する「ナローバンク」の誕生だ。ＣＢＤＣの最大の利点は、安全・安価にスピード決済できることにある。

一方で多くの商業銀行は預金を徐々に失い、経済成長を支えてきた預貸ビジネスも見直しが必要になる。商業銀行は預金を集めるのではなく、市場で資金を直接調達して、それを元手に融資するようなノンバンクに近い形態になっていく可能性もある。ＣＢＤＣが銀行システムの劇薬になりうるのはそのためだ。

（日本経済新聞、２０２２年12月12日。傍点は引用者）

いずれにせよ、スマホがないと買い物ひとつ、預金すらできない、という時代がもう目前に迫りつつある。今年の４月から、民間の支払いや決済で、「デジタル円」の実証実験が始まる。

私の客で、すでに、香港やマレーシア、シンガポールなどにＨＳＢＣ（香港上海銀行）の口座をもっている人たちから、最近、たくさん問い合わせを受けるようになった。ＨＳＢＣ

HSBC（香港上海銀行）の「インターネット・バンキング」の画面と、ログインの手順が、また……変わった。デジタル化（DX）は、どんどん勝手に「バージョンアップ」するから、追い付くのが大変だ。

いまや世界は、何でも「アプリをダウンロード」である。DX（デジタル化）について行くのは、ほんとうに大変だ。

アプリになる前は、このようなプラスチックのデバイス（電子機器）だった。これもなくなった。アナログの仕組みは、本当は、デジタル化の時代でもとても重要だ。

新しいインターネット・バンキングのログインには、「HSBCアプリ」をスマホにダウンロードする必要がある。

アプリを使って、ログインするたびにランダムな「セキュリティ・コード」という番号を呼び出す。アプリをダウンロードするときに、携帯番号宛てに「SMS」（ショートメール）が届く。そこに書かれている「ワンタイム・コード」や「ワンタイム・パスワード」（OTPという）を、ささっとパソコンの画面に打ち込まなければならない。

だから、外国の銀行の「デジタル化」に対応するためには、①「Eメールアドレス」と②「スマートフォン」と「携帯番号」登録、そのスマホに③「アプリをダウンロードできる設定」が必要だ。日本の銀行も後追いで、いずれこのようになる。

の「インターネット・バンキング」の画面と、ログインの手順が大きく変わったからである。新しいインターネット・バンキングでログインをするためには、「ＨＳＢＣアプリ」をスマートフォンに、ダウンロードする必要がある。

そして、そのアプリを使って、ログインするたびに、その場限りの、一度きり有効のワンタイム・コードという番号を呼び出す必要がある。これを「セキュリティ・コード」と呼ぶ。まず、ＨＳＢＣアプリを、手元のスマートフォンにダウンロードする。その次に、そのアプリに一度、「ユーザーネーム」と「パスワード」を入力する。２つあるパスワードのうちの２つ目、「セカンド・パスワード」のほうだ。これも、とても間違いやすい。

さらには、「ショートメール」や「Ｅメール」などを通じて送られてくる「ワンタイム・コード」を、何度かアプリに打ち込む必要がある。このようにして、何重にもわたって繰り返し、本人確認をさせられる。

「インターネット・バンキング」は、こうしたカタカナ文字ばかりの「デジタル作業」である。これができないと使えなくなってしまった。これより前までは、プラスチック製の、小さな薄っぺらい機器（デバイス）が、アプリの代わりに渡されていた。これは、デジタルではなくアナログの、プラスチックのデバイス（電子機器）であった。そのボタンを指で何度か押して、ランダムな数字を表示させた。まだ少し実体があって、なじみやすかった。

しかしついに、完全なデジタル化がなされてしまった。「スマホのアプリ」である。「ダウンロード」である。登録作業には、携帯番号宛てに「SMS」（ショートメール）が届く。そこに書かれている「ワンタイム・コード」や「ワンタイム・パスワード」（OTPという）を、30秒以内とかに、ささっと、パソコンの画面に打ち込まなければならない。

ご年配の先輩方だけではなく、「デジタル・ネイティヴ」でないすべての世代の人たちが、困惑している。

それでも、もうこの流れは止められない。世界じゅうが「デジタル化」である。どんどん進んでいる。デジタル化というのは、つまり「超・監視社会」のことである。私たちは、「デジタル監視社会」のなかの、「デジタル統制経済」という新しい統治体制へ向かっている。これこそが、未来の暗黒郷（あんこくきょう）と呼ばれる「ディストピア」の世界へまっしぐら、ということである。

以上で書いた、海外の銀行のデジタル化に対応するためには、どうしても、以下の3点を用意する必要がある。

①「Eメールアドレス」
②「スマートフォン」とその「携帯番号」
③「スマホでアプリがダウンロードできる設定」

である。この3点は必須である。これがないと、もう海外の銀行で「インターネット・バンキング」は使えない。

以上のような、デジタル化された銀行の取引管理のシステムを、まとめて「モバイル・バンキング」と呼ぶ。日本の銀行も、いずれこのようになる。

それで、「デジタル化」の監視社会の行きつく先として、将来的に「銀行」そのものがいらなくなる。この劇的な事態が本当に迫っている。引用した日経の記事のとおりだ。

国家の発行する通貨が、すべて「デジタル通貨」になる。すべての国民の買い物やすべての支払い、お金のやり取り、企業決済までを、デジタル取り引きで監視されるようになる。スマホをピッとかざして、アプリでピピッと送金するようになる。これで、すべてが記録に残され、国によって管理されることになる。

こうして、「紙幣」（紙のお金、現金）に代わって、「デジタル通貨」（中央銀行デジタル通貨＝CBDC、セントラルバンク・デジタル・カレンシー）が、国民のあいだに流通するようになる。日本全国のあらゆるお金のやり取りが、一元管理される時代がもうすぐ来るのである。

だから日本の国外へ、一定の割合の資産は、今のうちに移してしまわなければならない。「金融資産」ではなく、「外貨預金」でさえなくて、世界の共通資産である「金地金」（ゴールド）という手で触ることができるアナログの「実物資産」に換えることだ。

そして、高級品専用の貸金庫や倉庫に預けて、「資産防衛」をするしかない。

なお、HSBCなど外国口座のデジタル化に、どうしてもついて行けないあなたにも、代わりの手段がある。

「インターネット・バンキング」を使えなくても、日本国内のセブンイレブンやイトーヨーカドーにあるセブン銀行のATM機で、外国銀行の口座残高を確認することができる。ATMカードを入れたあとに、「引き出し」ではなく「残高照会」のほうのボタンを押せばいい。その日のレートで日本円に換算された、外国の現地通貨の預金額が表示される。いちいちインターネットで、ログインする必要はない。

そして、最低でも年に1度は、カードで少額だけ引出しをする。そのようにして使っていれば、口座が凍結されたり、「取り引きのない口座」（アンクレイムド・アカウント）として、休眠されてしまうことはなくなる。

厳密には、2年に1回、その口座のなかで、通貨の転換や出金、引出しの取り引きをしてあげればいい。口座は休眠（ドーマント dormant）にも凍結（アンクレイムド unclaimed）の状態にもならずに済む。

注意しなければならないのは、口座からお金が出て行く手続きが必要であることだ。口座にお金をどんどん入金するだけでは、「取り引き」したことにカウントされない。通貨を転換（エクスチェンジ、両替）するか、ATMカードで引き出すか、debit card（デビットカード）で買い物をするか、口座から送金指示を出して出金する。残高を少し別の場所へ移す、という作業が必要である。ただ資金を、その口座へ預金するだけでは、「取り引き（トランザクション）」とは見なされない。注意が必要である。

それから、「インターネット・バンキング（モバイル・バンキング）」が、ちゃんと使えるかどうか確認するためのポイントは、以下の3点である。

①あなたが口座をもっている外国の銀行から、英文の「Eメール」のお知らせが、ときどき届いているか。

②登録してある携帯番号に、一度でも、英文の「ショートメール」が届いたことがあるか。

③国際郵便で、何らかの紙のお知らせ英文書面が、自宅に届いたことがあるか。

以上の3点である。これらを確認することだ。これらの3つのなかで、1つでも欠けている場合は、いずれ間もなく、インターネット・バンキングが使えなくなる可能性がある。

だからあなたは、あらためて、①Ｅメールアドレス、②携帯電話番号、③書類受け取り住所（コレスポンデンス・アドレス、Correspondence Address）を、しっかりと登録しなおすべきである。

この作業は、インターネット・バンキングが使えなくても、所定の紙のフォームで、郵送で手続きができる。口座を開設したときと同じサイン（署名）を直筆でしっかりと書き込んで、変更する内容も記入する。

その紙面の申請フォームの「原本」を、郵便局の国際宅急便であるＥＭＳで、外国の銀行まで発送する。

海外への書類の発送は、郵便局の「ＥＭＳ（Express Mail Service）」を使うといい。香港ならば、発送して2、3日後には到着する。タイやマレーシアでも5日間くらいで到着する。インターネットで、発送伝票番号（お知らせ番号）を検索すると、送った書類がいまどこにあるか、細かく追跡もできる。とても便利である。

ＦＥＤＥＸ（フェデックス）やＤＨＬ（ディーエイチエル）、ＵＰＳ（ユーピーエス）などアメリカの、世界中どこへでも翌日にはお届け、という超高速、空輸宅配サービスもある。しかし、1回５０００円から1万円くらいの配送料が取られて高額である。

郵便局のＥＭＳであれば、香港まで１９００円、タイやマレーシアでも同じである（ただし500グラムまで。以降、重量により上がる)。日本の郵便局の国際郵送システムは、とても優秀でしかも安い。

シンガポールの最新の現地情報

私は、2023年2月の中旬にもまた、客とシンガポールを訪問した。シンガポールは、世界中からの観光客であふれて活気に満ちていた。もう誰もマスクをしていなかった。世界では、すでにコロナは終わっていた。日本とのギャップに、あらためて驚いた。

シンガポールもついに、この2月13日から、「ワクチン証明」の提示も無し、事前の「PCR検査」も無しで、オールフリーで入国できるようになった。

チャンギ国際空港の敷地内の保税特区にある高級品専用の倉庫にも、客と一緒に、中を視察して、実際に貸金庫に預け入れるツアーを実施した。

この高級品倉庫は、まさに『007』か『ミッションインポッシブル』の映画の世界のセキュリティレベルの建物である。中に入った人たちは皆、驚いて、「こんな世界が、本当にあるのだ」「新しい世界を見た」と言って、喜んでいただいている。

実物の美術品や絵画、高級ワインや貴金属の形にして、フリーポート(自由港、保税地区)にある「高級品貸金庫」へ預けて資産を保全する手段が重要である。これはなくならない。物に変えて、フリーポート間を移動させている限りは、その資産は自由に世界で動かせる。政府からもトレース(追跡)されにくい。

ヨーロッパの超富裕層は、シンガポールに対する信頼が高く、資産の一部をシンガポールに移してある。高級美術品や高価な絵画や、貴金属は、すでにシンガポールやベルギー、香港、スイス、ドバイなどの空港の「保税地区」にある高級品専用の貸金庫に保管してある。いざとなったら保税地区(フリーポート)の間で、高級品資産をスムーズに移動することができる。これが、世界レベルの資産家たちの強みである。これができるのが、各国の「フリーポート」である。

是非、日本の資産家であるあなたも、自身のゴールドバーやコインなどの貴金属や宝石類を携えて、少しでも早く貸金庫を借りに来るべきである。ただの観光旅行では終わらない経験ができる。

「明るい北朝鮮」と揶揄されるシンガポールは、本当に、海外企業や外国人の資産家向けのビジネスが上手い。センスがとても良い。そして、シンガポール政府には充分な準備資金がある。

だから、コロナの営業規制で店が開けなかった2年間、国内の飲食産業には、それまでの売上の9割分を、支援金としてずっと払い続けていたそうだ。しかも、日本や欧米諸国のように、国債を大量に発行して国家が借金をすることなくである。

シンガポールは、政府もお金持ちの国なのである。あれだけ税率が低い国なのにである。

リー・クアン・ユー（1923～2015）という1人の偉大な政治家が、この世界にも稀有な、シンガポールという「現代の都市国家」を構想し、築き上げた。

貿易から金融、そして、国際ビジネスまで、世界のあらゆる「ハブ」（hub）となる国家戦略で、「東京23区」よりも小さな赤道直下の島国が、史上まれに見る奇跡的な近代都市国家へと急発展した。

シンガポール建国の歴史や、リー・クアン・ユーの偉業は、この本ではとても書けない。

日本語でも何冊も本が出ている。

3年ぶりのシンガポールでは、現地の高級貸金庫のマネージャーや、金地金の取引業者、専門の両替業者など、ひととおり会って、細かな打ち合わせができた。

それから、シンガポール国内の銀行の現状も調べた。シンガポールの銀行では、もうただの旅行者は口座を開設できない。富裕層向けの投資口座やプライベート・バンキング口座のみ可能である。最低百万ドル（1億円）の残高を維持することが必要だ。

いわゆる一般の、預金口座（Saving Account、セイヴィング・アカウント）は、シンガポールの居住ビザや、現地での就労ビザや投資家ビザなどの「居住権」を保有していないと開設ができなくなった。シンガポールは、もう外国人は超資産家か、あるいは移民労働者しか受け入れませんという態度である。

しかしそれでも、現金をシンガポールへ持参して、両替商を介して金地金（ゴールドバー）を買い付ける。そのまま、チャンギ国際空港の高級品貸金庫へ預けることはできる。

さらに、高級ワイン専門のワインディーラーから、超高級ワインという「液体のゴールド（リキッド・ゴールド）」を購入できる。実物資産の一部として、同じ高級品専用の倉庫で長期間保存することができる。

この高級ワインの仕入れ業者とも、詳細の打ち合わせをした。

高級品貸金庫の利用～「高級ワイン」という実物資産で保全

フランスから高級ワインの「初物」（プリムール primeur）を、生産直後の仕入れ価格で購入することができる。そのワインを木箱でひとケース（12本入り）などの単位で、シンガポールの保税地区にある高級品貸金庫のなかのワイン専用倉庫で、5～10年寝かせる。

こうすると、年数を経るごとに「○年もの」として、少しずつ価値が上がっていく。あなたも、巨大なワインセラー倉庫の現場で、積み上がる高級ワインの木箱をじかに見学できる。世界の資産家たちは、こういう形の実物資産でも、保全をしている。

室温12度に保たれているワイン専用倉庫で、何年も寝かせて価値を上げてから出荷する。具体的な手順などを、現場で確認することができる。

私が提携しているワインディーラーは、シンガポールで30年のワインの巨匠である。フランスのボルドー出身のフランス人だ。あの「ミスター円」の榊原英資や、日本のワイン輸入の老舗企業、エノテカの廣瀬恭久前会長とも知り合いという大御所である。

個人的に、彼のシンガポールのオフィス兼ワイン倉庫を訪れる。そこで、直にワインの現物を見定めて購入することができる。貴重なルートである。

フランスの「五大シャトー」のような超高級ワインは、「液体の金」(リキッド・ゴールド Liquid Gold)と呼ばれる。高級ワインは「実物資産」として保全できる。

プロの業者たちが利用する高級ワイン専用倉庫の一角で、あなたのワインも長期保全をしてもらえる。シンガポール現地の高級ワインディーラーから「出荷前」(フランス語でプリムール、PRIMEUR)の超高級ワインを買い付ける。5~10年後の将来、出荷するときには、価値も上昇している。

フランスの五大シャトーなど定番の高級ワインや、世界的に著名でレアなブランドのワインは、「液体の金（リキッド・ゴールド Liquid Gold）」と呼ばれる。「超」高級ワインという「実物資産」も、その輸送と貯蔵、そして出荷のプロフェッショナルが管理をしている。

シンガポールまで、日本円の現金を持参して「初物（はつもの）」の超高級ワインを購入すればいい。そのまま、シンガポール空港の保税地区にある、高級ワイン専用の倉庫で、長期保全をしてくれる。「シンガポール・ゴールドツアー」では、この仕組みも案内できる。

シンガポールは、中国本土から移住してくる超・富裕層の中国人であふれていた

2022年の11月、私は3年ぶりに、シンガポールのチャンギ国際空港に降り立った。シンガポールも、タイに続いてやっと、ワクチン接種証明なしで入国できるようになった。すでに外国からたくさんの旅行客で賑（にぎ）わっていた。せっかく用意してきたPCR検査の陰性証明は、ついに一度も提示を求められなかった。いい加減なものである。アジアで最重要の「ハブ空港」であるチャンギ国際空港の敷地内に、高級品専用の倉庫がある。

スイス資本の高価美術品や絵画を専門に保管する、倉庫と輸送の業者である。この高級品貸金庫の社長もスイス人である。貸金庫を訪れ、この社長から、いろいろと重要な情報を聞

くことができた。私はそれらを書き留めた。この後に①～⑤の箇条書きでお伝えする。

今、シンガポールは、中国本土から移住してくる超富裕層の中国人であふれている。超富裕層というのは、資産総額1000億円（ビリオネア。1 billion が10億ドル）以上の人々である。彼らがシンガポールの不動産をことごとく買いあさっている。シンガポールはまだまだ、世界の富裕層を惹きつけている。

最近のこの急激な「中国マネー」の流入で、もともと高かったシンガポールの不動産は、なんとさらに、2倍にまでなっている。狭いシンガポールがますます混雑して、あらゆる物価が高騰している。中国の資産家たちは、家族ごと移住して来る。シンガポールで不動産を購入し、事業に投資をして「居住権」を手に入れる。資産と家族とまるごと中国から避難してくる。このような「超」資産家の中国人は、中国本土にはもう戻れない。

それから、ヨーロッパの超富裕層は、シンガポールに対する信頼が高い。資産の一部を、すでにシンガポールに移してある。高級美術品や高価な絵画や貴金属は、すでにシンガポールやベルギー、香港、スイス、ドバイなどの空港にある「保税地区」の高級品専用の貸金庫に保管してある。

いざとなったら保税地区（フリーポート）の間で、高級品資産を、スムーズに移動することができる。これが、世界レベルの資産家たちの強みである。これができるのが、各国の

「フリーポート」（自由港）である。フリーポートの保税地区のあいだだけで物を動かしている限り、関税はかからない。

だから、実物の美術品や絵画、高級ワインや貴金属の形にして、フリーポート（自由港、保税地区）にある高級品貸金庫へ預けて保全するという手段が必須なのである。

世界で貿易が続けられる限り、この仕組みはなくならない。実物に変えて、フリーポート間を移動させている限りは、その資産は自由に世界で動かせる。政府からもトレース（追跡）されにくい。

このスイス人の社長から、私はさまざまなことを聞いた。スイス人とは、変わった人たちである。他のヨーロッパ人とは少し違う。

彼は、生粋（きっすい）のスイス人である。スイス人のなかにも、たくさんユダヤ系のスイス人もいる。ユダヤ人は、同じヨーロッパ人でも考え方も信条も、世界に対する見方も大きく異なる。この社長は、自分は「ジュネーヴ人」だと言った。

スイスには隣接する地域によって、おもにフランス語圏とドイツ語圏、イタリア語圏がある。ドイツ語6割、フランス語2割、イタリア語話者は1割もいない。英語は公用語ではないが、一番使われている共通語だ。この社長は、生まれたときからフランス語で育った。仕事でもフランス語を話している。しかし、フランス人のことは嫌（きら）いだと言っていた。

ジュネーヴ（Geneva）というスイス第2の金融都市は、もともとフランスから独立した小さな都市国家だ。だから「いまのフランスが建国されたのが1792年だから、フランスよりもずっと古いんだ」という言い方をした。

まだ若い30代後半だ。奥さんは日本人である。だから、彼の意見は、大きくは、いまの若いヨーロッパ人で、リベラルな人たちの考え方を体現している。

スイスにある本社から分離独立して、シンガポールの支社長をやっている。

シンガポール高級品貸金庫のスイス人社長から聞いた、シンガポール在住の世界の「超」資産家たちの実情

①今、シンガポールは、中国本土から移住してくる「超」富裕層の中国人であふれている。シンガポールの不動産をことごとく買いあさっている。シンガポールビザ（PR、永住権）を取得して、資産と家族ごとシンガポールへ移り住む。彼らは、中国籍を捨てて、完全なシンガポール人になる。

実は、このスイスの高級品貸金庫が入っている建物も、最近、中国人が買った。もちろん、建物の中にある貸金庫そのものは、このスイスの業者のものだ。しかし、今は建物のオーナーとなった中国人資本家に、家賃を払っている。もとのオーナーは、このスイスの高級品専

用倉庫のスイス本社であった。

この中国人資本家の資産総額は30億シンガポールドル（今のレートで、約３０００億円）。購入した、高級品貸金庫があるビルは４０００万シンガポールドル（約40億円）であった。

こうした中国人の資産家たちは、もともとすでに資産の大部分を香港に移している。だからその資産を、香港からシンガポールに移すことに規制はない。

しかし、最近の急激な「中国（チャイナ）マネー」の流入で、シンガポールの不動産価格や家賃が急上昇。今では何と、倍（ダブル）になってしまった。

② ヨーロッパ人の移住者たちも、一定の割合で来ている。しかし、ロシア人やウクライナ人は見かけない。タイには富裕層のロシア人たちが、避難もかねてたくさん来ていた。これは「ウクライナ戦争」のせいばかりではない。もともと、ロシアとタイの間には、お互いビザなしで渡航できる協定がある。このため、タイに来るロシア人はもともと多かった。
シンガポールは上述のとおり、家賃も物価も、長期居住のためのビザ申請費用も、すべてが高い。資産額が数十億円程度の資産家たちには敷居（しきい）が高すぎる。今では、銀行口座ひとつ開けるのにも、ワンミリオン（百万ドル＝1億円）をまず振り込めと言われる。

「まずは最低、1億円以上預けていただかないと、あなたに適切なサービスはご提供できま

いまシンガポールは、中国本土から移住してくる超富裕層の中国人であふれている。シンガポールの不動産をことごとく買いあさっている。シンガポールはまだまだ、世界の富裕層を惹(ひ)きつける。

最近の急激な「中国マネー」の流入で、もともと高かったシンガポールの不動産は、なんとさらに2倍にまでなっている。狭いシンガポールがますます混雑して、物価も高騰している。中国の資産家たちは家族ごと移住して、シンガポールで不動産を購入し「居住権」を手に入れる。しかし中国本土には、二度と戻れない。

せん」というのだ。それが、今のシンガポールである。

③スイスにはずっと昔から、ロシアの企業がたくさん進出している。昔からロシア産の金（ゴールド）がスイスに輸出されている。このため、スイスにはロシアの貿易業者もたくさんいる。だからスイスは、ロシア企業に対しては、「経済制裁」（サンクション）を実行していない。ロシアとの貿易取引を今でも続けている。それでも、スイスにいたロシア企業の一部は、ドバイへ移っていった。

中東のドバイとスイスとの関係は良好だ。資金も人も、頻繁に行き来している。そしてそこに、東南アジアのシンガポールが加わって、「フリーポートのトライアングル」の大きな動きがある。

だからおそらく、ロシアからスイスに輸入されていた金地金（ゴールド）も、ウクライナ戦争が始まった後も、そのまま輸入され続けている。

スイスは、ＥＵにもＮＡＴＯにも入っていないから、ニュートラル（中立）なのだ。ヨーロッパの中の「シンガポール」のようなものだ。だから、ヨーロッパ人にはもちろんいい顔をするが、ロシア人やロシア企業にも、今でも制裁は課していない。

世界のプロの輸送業者が利用する、「関税」がかからない主要な「保税地区」。あらゆる輸出入品が、最高度のセキュリティとプライバシーで保管されている。価値の高い「実物資産」は、ここにある「高級品倉庫」で保全するべきだ。

スイスの保税地区

ドバイの保税地区

香港の保税地区

シンガポールの保税地区

日本の資産家も、国内の資産を「高級な実物資産」に換えて、シンガポール、香港、ドバイ、スイスへ移すべき。世界の保税倉庫ネットワーク間で、実物資産のまま移動させればいい。

④ ウクライナ戦争で、ヨーロッパでは確かにデモがたくさん起きている。フランスやドイツでは電気料金が3倍になったというのも本当だ。今は政府が価格統制や補助（サブサダイズ）をしたので元に戻っている。

中間層以下のヨーロッパ人には、厳しい現実だ。しかし、富裕層には、電気代が2、3倍になってもそれほど問題ではない。

ロシアから来なくなった天然ガスは、いくらでも代わりの輸入先がある。アメリカから輸入できているから、今年の冬は問題ない。

だいたい、国力差が20倍もあるロシアに、ウクライナが勝てるわけがない。ウクライナは、この戦争が終わったあと、ひどく後悔することになるだろう。

ウクライナ国民を総動員して、国内をボロボロに破壊されて、何のメリットもない。

一方のロシアも、他国を侵略（invade）するのはそれほど簡単ではない。アメリカが武器と資金を与えて、戦争を長びかせていることはもちろん分かっている。ヨーロッパだって、ウクライナに武器を供給している。

ヨーロッパの富裕層が、ウクライナ戦争が始まって、慌ててシンガポールなどに資産を移しているというほどの動きは、今のところない（アメリカの銀行が破綻して、ついに始まった）。

もともと、ヨーロッパの超富裕層は、シンガポールに対する信頼が高くて、資産の一部を、すでに、シンガポールに移してある。
ヨーロッパ人資産家の高級美術品や高価な絵画や、貴金属は、すでにシンガポールのここ（チャンギ空港にある高級品貸金庫）に保管されている。
だから、いざとなったら、スイスから空輸で、すぐにシンガポールへ移すだけだ。このフリーポートどうしの間での、高級品資産のスムーズな移動が、彼ら世界レベルの資産家たちの強みだ。

スイスもシンガポールも、アメリカとも中国ともヨーロッパ人ともうまく関係を保ちながら、上手に付き合い続けている。これができるのが、「フリーポート国家」である。タイやマレーシアが、同じように外国人の富裕層を受け入れ続けている。シンガポールは東南アジアの国である。

東南アジアは、シンガポールも含めて、大きなスイスのような、世界のニュートラルエリアになるかも知れない。

⑤シンガポール政府が、デジタル通貨を作って国民に使わせるという話はまだ聞いていない。スイスでも、国家のデジタル通貨を作るという話は出ていない。

前にも話したが、コロナ危機の前までは、デジタル仮想通貨やＮＦＴ（Non-Fungible（ノン ファンジブル）

Token）で数十億円相当の資産ができたと言う客が何人もいた。その「デジタル資産」のデータがハッキングで盗まれないようにと、データ保管用のハードディスクなどに保存していた。

そのデータ保存用のデバイスをパソコンから取り外して、ここの高級品貸金庫へそのまま預けていた。

私は、そのときから、ああいったデジタルの資産など信用していなかった。今では、こうしたデジタル資産の話はまったく聞かなくなった。仮想通貨もクラッシュした。NFTも何もかもすべてのデジタル資産は、崩壊して消えてしまった。

私だって、日頃の支払いはすべてクレジットカードだ。「現金」などほとんど見ないし使うこともない。しかし、シンガポール政府やスイス政府が、自国通貨をすべて「デジタル通貨」にするという話はまだ聞いていない。しかし、そうした構想はもちろん知っている。政府がすべての通貨の動きを追跡しやすくなるから。

だから、実物の美術品や絵画や、貴金属の形にして、ここのような高級品貸金庫へ預けて保全しておくという手段が、やはり重要であるしなくならない。物に変えて、フリーポート間を移動させている限りは、その資産は自由に世界で動かせる。政府からもトレース（追跡）されにくくなる。

今でもたくさんのアメリカ人が、スイスに資産を移している。しかし彼らは、「米国籍」を捨てない限り、どこに移り住んでも、アメリカ政府から一生、「税金」を取られ続ける。だから、最後の手段は、アメリカの国籍を捨てて、他国へ完全に移住することである。

これは、中国人にも言える。中国籍を持っている中国人は、どこへ移住しても、中国政府に税金を納め続けなければならない。だから、中国籍のパスポートを手放すしかない。

コロナ危機の2年間は、物流のコスト（輸送料 freight（フレイト））が高騰した。あまり物が動いていなかった。いま輸送料は、コロナ以前の値段にまで戻ってきている。

香港やシンガポールだけでなく、タイやマレーシアにも〝プランB〟としての「セカンド口座」を開設するべき

先に書いたとおり、シンガポールでは、もう預金や振り込み用の「普通口座」（セイヴィング・アカウント Saving Account）を開設することは難しくなった。だからあなたは、タイやマレーシアの口座も、分散先の「セカンド口座」として開設しておくことが重要になってくる。何事も「プランB」（次善（じぜん）策、代替案、第2案）を用意しておくべきである。

タイの口座は、「最低預け入れ額」などの制約がない。だから、残高がいくら減っても、「口座維持手数料」はかからない。「インターネット・バンキング」で、日本からでも残高を

見たり、タイ国内への振り込みや、世界各国への送金指示も可能である。香港のＨＳＢＣなど遜色ない機能がある。

またあなたは、日本でもセブン銀行やイオン銀行、郵便局のＡＴＭ機から、タイの銀行のキャッシュカード（デビットカードと呼ばれる）で、引き出しが可能である。１日あたり20万円前後引き出せる。引き出し上限を上げるための設定も可能だ。

ただし、タイはシンガポールや香港のような「国際金融特区」ではない。だから、預け入れ通貨は「タイバーツ」（ＴＨＢ）のみである。

外貨預金口座として、日本と同じように、米ドルやユーロなどの外貨建ての口座も開設はできる。しかし、ひとつの口座番号のなかにいくつもの主要外貨を置いておける、香港のような「マルチカレンシー口座」のシステムはない。

これから外国人観光客が、またどんどん日本にやってくる。彼らは自国の「ＡＴＭカード」（デビットカード）を日本に持ち込んで、海外にある自分の口座からセブンＡＴＭで「日本円」の現金を引き出す。それで日本で買い物をする。

この「インバウンド」の外国人たちと一緒になって、あなたも日本で、外国口座から「日本円」で引き出せばいい。これで「新札切替え」や「預金封鎖」も怖くない。国際ネットワ

香港やシンガポールだけでなく、タイやマレーシアにも、“プランB”としての「セカンド口座」を開設するべきである。

タイの銀行

マレーシアの銀行

これから外国人観光客が、またどんどん日本にやってくる。彼らは自国の「ATMカード（デビットカード）を日本に持ち込んで、外国にある自分の口座から「日本円」で引き出す。セブン銀行ATMを利用する。それで日本で買い物をする。この「インバウンド」の外国人たちと一緒になって、あなたも日本で、外国口座から「日本円」で引き出せばいい。これで「新札切替え」や「預金封鎖」も怖くない。

タイやマレーシアの口座を、「セカンド口座」として開設するべきだ。今後、重要になってくる。何事も、「プランB」（次善策、第2案、代替策）を用意しておくべきだ。「最低預け入れ額」など制約がない。残高が減っても「口座維持手数料」が、かからない。

ークにつながったATM機からは、いつでも新札が出てくる。外国人も引き出すコンビニのATMは、「預金封鎖」の対象にはならない。

目的が漠然としたまま、海外へ資産を逃がしてはいけない

今から20年くらい前であれば、アジア諸国の銀行ももう少し牧歌的であった。香港やシンガポールでも、旅行先で泊まったホテルのすぐそばにある銀行にぶらっと立ち寄って、パスポートだけ見せれば口座を開設することができた。今ではとても考えられない。住所は、と聞かれたら、泊っているホテルの住所を書けばOKであった。そんな時代があった。

あれから20年である。その間に2001年の「9・11（セプテンバー・イレヴン）」があった。飛行機が当たっただけで、あれほどきれいにビルは崩れ落ちない。事前に建築物解体用の発破爆薬を、各階に仕掛けてあった。この事実は、建築の専門家たちは皆、知っている。

この「9・11テロ」への報復という口実で、2004年に、アメリカによる「イラク侵攻」が始まった。イラクに大量破壊兵器が隠されているという説明だった。しかし、これらはすべて間違い（ウソ）であった。アメリカ政府が後から認めた。

アメリカによる「イラク侵攻」で無辜のイラク国民70万人が、大量殺戮された。米軍によ

る空爆で犠牲になった。しかし、アメリカはこの責任をいっさい追及されていない。他国から「経済制裁」も受けていない。賠償も何もしていない。国際法廷でも裁かれていない。ロシアによる「ウクライナ侵攻」と、いったいどこが違うのか。

そして、2008年9月15日に「リーマン・ショック」が勃発した。世界がアメリカ発の金融危機に襲われた。本当であれば、歴史的な1929年10月の「ブラック・マンデー」か、それ以上の「世界大恐慌」の規模に相当する巨大な損失であった。

しかし当時のオバマ大統領が強引に救済した。2009年1月に就任したばかりであった。アメリカの金融システムが崩壊し、ニューヨークの巨大金融機関（一般銀行と投資銀行）が一斉に倒産しかけた。そのために政府資金を一気に注入した。本当に、世界大恐慌の一歩手前だった。

このときに、財源がないところから一気に、FRB（米中央銀行）に通貨を発行させた。総額で3・7兆ドル（当時のレートで約400兆円）という巨額の支援金を作り出した。アメリカのすべての銀行や投資銀行の損失（不良資産）をアメリカ政府がすべて買い取った。この金額でさえもいま聞くと「かわいい」額に聞こえる。

この無理やり増刷してバラまいた巨額の支援金が、のちの「量的緩和」（QE＝Quantitative（クワンティテイティヴ） Easing（イージング））政策の始まりである。

だから、現在の激しいインフレの真の原因は、もう10年以上前のこの瞬間から始まっていた。これを、アメリカの中央銀行であるＦＲＢ（＝連邦準備制度理事会）が、最初に始めたのである。

本当は、投資による損失はその運用責任者と投資家が責任を取る。会社の経営も、事業の運営も、人生の毎日の生活も、それを営む人たちが、それぞれに責任を持っている。だから「借金はなくならない」のである。

繰り返す。「借金はなくならない」のである。誰も返さなくて済む、ということは決してない。なぜなら、貸した人間が必ず、回収にくるからだ。

「政府の借金は中央銀行がすべて買い取るから、どれだけ国債を発行してお金を借りながら通貨を発行しても平気だ」などと、いったいどこの誰が言っているのか。

国家は、「預金封鎖」と「財産税」と「ハイパーインフレ」で、借金を返すのである。77年前の１９４６年2月16日、日本政府は、これを実際に強行した。覚えている日本国民は、もういない。

だから、「ＭＭＴ理論」（モダン・マネタリー・セオリー）は、詐欺（さぎ）理論である。「国家の借金」＝「国債」が、本当に返せない時に「預金封鎖」を起こす。たとえ国の借金であっても消えてなくならないからだ。だから、国民全員の資産をすべて取り上げる。それで、借金を返すのである。たったこれだけのことだ。

私はこの事実を繰り返す。77年前に実際に、私たちの日本政府は「預金封鎖」で戦争の借金を返済した。どうして、知らないふりをするのだろうか。

東南アジアで〝ゆったりと〟避難生活をしたいなら、タイの長期滞在ビザがベスト

日本で「危機」が起きたときに、東南アジアで〝ゆったりと〟避難生活をしたいのであれば、タイの「リタイアメント・ビザ」と富裕層向け長期滞在ビザの「タイランドエリート・ビザ」がベストである。

なぜなら、すぐに取得できるからだ。「リタイアメント・ビザ」は、タイに入国してから、3日間の滞在で申請手続きが完了できる。タイの最大手銀行（日本でいえば三菱や三井住友銀行に相当）で、すぐに預金口座も開設できる。あなたは、開設した口座に80万バーツ（約300万円）だけ預ける。いろいろ面倒な証明書類もいらない。その預金証明だけ持って、移民局へ向かう。

「リタイアメント・ビザ」は、申請したその日から2ヶ月後に、もう1度だけタイを訪れる。その場で1年間の滞在ビザがもらえる。こんなに早く取得できる外国人用の「長期滞在ビ

ザ」は、世界を見渡してもそうは見つからない。

ただし、「リタイアメント・ビザ」は、満50歳以上でないと申請できない。それから、タイのリタイアメント・ビザは、1年ごとに更新が必要である。ビザを受け取った日から1年後にまた、更新手続きのためにバンコクを訪れる必要がある。しかし更新手続きは、タイの移民局で半日ほどで終わる。それほど時間や手間はかからない。

たとえば、フィリピンの長期滞在ビザである「APECO（アペコ）ビザ」は、5年ごとの更新である。その手続きでマニラの現地を訪れるときには、必ず5日間、フィリピンに滞在しなければならない。この条件がクリアできずに、多くのフィリピン居住ビザ保有者が、ビザを途中で投げ捨ててしまう。こういう実態がある。

タイの「リタイアメント・ビザ」には、そういった物理的に難しい更新のための条件や、縛（しば）りはない。

これは、私が長年の信頼関係を築いてパートナーとして一緒に仕事をしている、タイ人のエージェントの力（ちから）も大きい。タイ人であるが、長年日本企業のタイ駐在員や、リタイアしてタイに移住してくる日本人のビザ取得を、誠実にサポートしてきたベテランである。

ただし、本当の緊急事態が起きてからでは、ビザ申請の手続きはやっていられない。もう日本には帰れないという危機が、日本国内で発生している場合である。

命からがら飛行機に乗り込んで、タイまで避難して来たのである。もう一度日本に戻って、のんびり2ヶ月も待ってはいられない。

だから、あなたは今のうちにタイで300万円で、ビザを取っておくべきなのだ。タイの最大手の銀行で口座も開けられる。この300万円は、ビザを更新しなければ戻ってくる。年に1度、タイへ遊びに行って更新手続きをすればいい。これでいつまでもタイに居られる。

このタイのリタイアメント・ビザだって、いつ条件が厳しくなるか分からない。あらゆる特権は、「早い者勝ち」である。動けるうちに準備をして「長期滞在ビザ」だけは、取得しておくべきだ。

50歳未満の若い資産家のあなたには、タイの富裕層向けの長期滞在ビザである「タイランドエリート・ビザ」もある。「リタイアメント・ビザ」が取得できたあとに、家族のために申請するという方法もある。

このタイランドエリート・ビザは、とても「現金な」システムである。ポンと日本円で300万円（80万バーツ）を支払うと、すぐに家族連れ（1名まで同伴可）で、5年間の自由な滞在が認められる。更新手続きも、必要な滞在日数もない。家族を1人同伴できるビザである。これは、家族連れで海外へ避難するときに役に立つ。この300万円は戻ってこない。

もしあなたに子供がいて、奥様のほかにもう1人子供も一緒にタイに移りたい場合、子供をこの「タイランドエリート・ビザ」に追加すればいい。年齢制限はない。実の子供である限り、加えられる人数制限もない。家族を1人追加するために、もう30万バーツ（約110万円）を払えばいい。だから、3人家族であれば合計で110万バーツ（約420万円）である。

この「タイランドエリート・ビザ」の場合、「リタイアメント・ビザ」と異なり、最初に、日本から申請書を出す。すると、審査期間としておよそ1ヶ月くらい待たされる。だから、日本で突然、緊急事態が起きていきなりタイに行っても、すぐにこのビザがもらえるわけではない。

だから、あなたが50歳以上であれば、あなた自身がまず、今のうちに「リタイアメント・ビザ」を申請して、取得してしまうことだ。これで、1年間はタイにいられる。その間に、家族のために「タイランドエリート・ビザ」を申請すればいい。

もしあなたがザ・ニューリッチ（若い資産家層）だったら、「リタイアメント・ビザ」の代わりに、300万円で「タイランドエリート・ビザ」をすぐ取得してしまうべきだ。これで、奥さんと2人で5年間居られる。子供がいれば、プラス110万円（30万バーツ）だ。あるいは、一緒に連れていく家族がいなければ、100万バーツ（380万円）で1人で20年間滞在できるタイプのタイランドエリート・ビザもある。種類は豊富だ。ただし、どのタイプでも5年ごとの更新手続きが必要である。更新手続きは、半日で終わる。

タイの首都のバンコクで、ロシア人の家族連れをよく見かけた。ロシアの富裕層は、こうして、安全で近代化されたバンコクの都市部に家族ごと移り住んできて、まるでゆったりと家族で長期休暇（ロングヴァケイション）を楽しむようにして、避難生活をしているということが分かった。

タイの首都、バンコクの市街地には、何でもそろっている。東京やシンガポールと同じだ。欧米人でも私たち日本人でも、何不自由なく暮らしていける。

これであなたもいざという時に、家族でさっと日本を離れて、数ヶ月でも快適な避難生活を、長期休暇のように過ごすことが可能になる。こういうことを、今は、富裕層のロシア人たちがやっている。

マレーシアの「長期滞在ビザ」の現状

マレーシアの長期滞在ビザ（ＭＭ２Ｈ）は、一昨年（２０２１年）から、取得の条件が厳しくなった。マレーシアの銀行に預け入れが必要な「定期預金」の資金額が、３０００万円（１００万リンギット）に上昇した。提示を求められる「財産証明」の資産額も、４５００万円（１５０万リンギット）に増えた。「収入証明」も月収１２０万円（４万リンギット）に増額された。申請者の急増やコロナ規制、マレーシア政権の度重なる交代もあり、取得する環境が厳しくなりつつある。滞在期間も「10年」ではなく、「5年更新」に変わった。

実はマレーシアには、日本人はビザ無しで90日間、３ヶ月もいられる。一方のタイは、ビザなしで観光客として滞在していられるのは45日間だ。もともと30日間であったが、コロナ明けの昨年から延長された。

だから、家族を同伴して、東南アジア諸国と日本を往来しながら、リタイア後の人生を自由に過ごすということであれば、マレーシアには３ヶ月間ビザなしで滞在できる。「長期滞在ビザ」を取得しなくてもゆっくり過ごせる。

マレーシアにも、便利な長期滞在用の「サービスアパートメント」がある。家具から家電、洗濯機、食器まですべて装備されている。部屋掃除と、シーツとタオルの交換もしてくれる。１００平米で２ベッドルームが標準である。

しかし、マレーシアの首都クアラルンプールでは、コロナ明けと世界的なインフレのいま、不動産の価格が大きく乱れている。まだコロナからの回復が始まったばかりで景気が回復し

世界の資産家たちは、タイやマレーシアの便利で閑静な大都市のオアシスで、ゆったりと「リゾート休暇」のように滞在する。これからの「避難生活」の新しいスタイルだ。

タイでは、避難生活を「優雅に」「余裕をもって」過ごすことができる。ウクライナ戦争から避難してきたであろうロシア人の富裕層が、家族連れでゆったりと滞在している姿をよく見かけた。タイの首都バンコクで、まるで「長期休暇」か「リゾート旅行」のように滞在する。バンコクには、各国の料理のレストランがある。料理の質も高い。インターナショナル・スーパーマーケットでは、日本や世界の食材が手に入る。

てない現状では、今が「買い手市場」である。

マレーシアの首都クアラルンプール（人口180万人、首都圏800万人）の都心部では、今年、2023年2月現在で、サービスアパートメントの賃料は、60〜70平米の2ベッドルームで、7000〜8000リンギット（約20万〜24万円）となっている。これには、週2回のシーツ交換と部屋掃除、インターネットのWiFi、水道光熱費まで含まれている。タオルなどは、頼めば毎日でも取り換えてくれる。築10〜20年くらいで、内装は4つ星くらいのホテルチェーンが運営しており、きれいである。

一方、タイの首都バンコク（人口550万人。本当は1100万人いる）の中心地では、75平米の2LDKのサービスアパートメントで、週3回の掃除とシーツ交換付きで月25万円（6万5000バーツ）である。

マレーシアもタイも同じであるがサービスアパートメントには、ベッドやソファー、カーテン、じゅうたんなどの家具と、エアコン、テレビ、洗濯機、冷蔵庫、電子レンジや食器洗浄機などの家電、それから、鍋やフライパンからお皿やフォーク、ナイフ、スプーンなどの食器類までが、標準装備されている。だから、本当に「着の身着のまま」で1週間分の着替えだけスーツケースに詰めて行けばいい。

クアラルンプールの中心部で、同じサービスと部屋の質で、部屋の広さが80平米以上10

0平米くらいを探すと、1ヶ月の賃料は1万〜1万2000リンギット（約30〜36万円）になっていた。これは、日本円がアジアの通貨に対してどんどん円安になってきた影響もある。

着替えだけをスーツケースに入れて、いつでも自由にマレーシアを訪れる。長期ではなく「中期滞在」で、アジアで旅行やゴルフ、マリンスポーツなどを1年中いつでも楽しみながら、過ごせる。タイもマレーシアも常夏（とこなつ）の国である。

タイのバンコクは、11月〜2月が「乾季（かんき）」で気温も25度前後になり、からっと爽（さわ）やかでとても快適な気候になる。日本が寒いこの時期に訪れるのがいい。子供たちや孫たちも、長期休暇を利用して一緒に東南アジアを訪れるべきである。まだまだ経済成長と発展を続ける若くて元気なアジアの国でしばらく暮らすと、「世界を学ぶ」体験ができる。バンコクもクアラルンプールも巨大な国際都市である。

日本人は、「戦争」と「金融操作」ばかりを続ける西側、欧米諸国ではなく、そろそろアジアの新興諸国から、前向きなエネルギーを受け入れ始めるべきである。

インドネシアはBRICS（ブリックス）への加盟を目指す

インドネシアは、人口が3億人（正確には2億7910万人）にもなった。経済力でも、何と世界7番目の経済大国になった。これは「購買力平価」のＧＤＰ（国内総生産）ランキングである。

「購買力平価」（ＰＰＰ＝プライス・パワー・パリティ）とは、「ビッグマック指数」が有名である。「ビッグマック」という世界中どこでも同じ価値をもつ商品が、その国の通貨でいくらで販売されているか。ここから計算し直す。すると、「実質の為替レート」を求めることができる。

ＩＭＦ（国債通貨基金）や世界銀行などが発表する、米ドル換算の世界各国のＧＤＰランキングよりも、こっちのほうが現実の本当の「経済力（購買力）」である。

ビッグマックでなくても世界中で同じ商品が売られていれば、それを現地で買うときの「現地通貨での価格」から逆算する。これがその国の通貨の購買力である。あなたにも、実質の為替レートが算出できる。これを「購買力平価」と呼ぶ。これでＧＤＰ（国内総生産）を計算し直すと「真実」の世界経済ランキングになる。これに基づく「ＧＤＰランキング」が重要だ。今までの世界経済ランキングはもう意味がない。真実の経済力が分からない。左ページのＧＤＰランキング表を、それぞれ見比べてほしい。

左側のほうの「購買力平価（ＰＰＰ）」で計算し直した「購買力平価ＧＤＰ」を比べると、世界のトップ5は、①中国　②アメリカ　③インド　④日本　⑤ドイツとなる。驚いた

世界中で同じ価値をもつ商品を、現地通貨で買うときの値段から逆算する。すると「実質」の為替レートが求められる。「購買力平価」と呼ばれる。これで「GDP」（国内総生産）を計算し直すと「真実」の世界経済ランキングになる。

○

ランク	国名	2021年購買力平価GDP (10億ドル)
1	中国	27,206.27
2	アメリカ	22,997.50
3	インド	10,218.62
4	日本	5,615.00
5	ドイツ	4,856.77
6	ロシア	4,490.46
7	インドネシア	3,566.28
8	ブラジル	3,435.90
9	イギリス	3,402.76
10	フランス	3,361.63
11	トルコ	2,943.07
12	イタリア	2,734.43
13	メキシコ	2,666.61
14	韓国	2,510.53
15	カナダ	2,025.40
16	スペイン	1,983.12
17	サウジアラビア	1,751.19
18	台湾	1,461.58
19	オーストラリア	1,450.08
20	イラン	1,436.87

実質のGDP（購買力平価）によるランキング

「ビッグマック」を基準に為替レートを計算し直すと……

×

ランク	国名	2021年GDP (10億ドル)
1	アメリカ	22,997.50
2	中国	17,458.04
3	日本	4,937.42
4	ドイツ	4,225.92
5	イギリス	3,187.63
6	インド	3,177.92
7	フランス	2,935.49
8	イタリア	2,101.28
9	カナダ	1,990.76
10	韓国	1,798.54
11	ロシア	1,775.55
12	オーストラリア	1,633.29
13	ブラジル	1,608.08
14	イラン	1,426.30
15	スペイン	1,426.22
16	メキシコ	1,294.83
17	インドネシア	1,186.07
18	オランダ	1,018.68
19	サウジアラビア	833.541
20	スイス	812.552
21	トルコ	806.804

従来のGDPによるランキング

「ビッグマック」という世界中どこでも同じ価値をもつ商品が、その国の通貨でいくらで販売されているか。ここから計算し直すと、「実質の為替レート」を求めることができる。こっちが本当の現実の「経済力（購買力）」である。これに基づく「GDPランキング」が重要だ。

だろうか。日本はインドの次である。ウソではない。数字やデータの改ざんでもない。いま現在のＩＭＦ発表のＧＤＰランキングは、米ドルの為替レートに左右される。だからバイアスがかかって不正確である。真の経済力の実態を表していない。

さらにこのあと、⑥ロシアが６番目である。そして７位が、なんと⑦インドネシアなのだ。さらに８位が⑧ブラジルで、やっと９番目に⑨イギリス、10位に⑩フランスと続く。驚くべきは、フランスの次に⑪トルコが来ることである。その次に、⑫イタリアが12位で続いている。

さらにイタリアの後は、⑬メキシコである。その次にやっと⑭韓国、⑮カナダ、⑯スペインと、これまでの世界で「先進国」と呼ばれていた国々が、後に続いてくる。

このように、現実の「購買力」で正確に計算し直すと、インドネシアという東南アジアの新興大国は、すでに世界で第７番目の経済大国なのである。

一方、日本は「４位」に落ちている。「５位」がドイツである。中国、アメリカ、インドが、「１～３位」に並んでいる。

このように実質の本当の経済力を、実感をもって分かることが、これからは重要である。だからインドネシアは、世界の新しい経済大国グループに加わる。「新《しん》Ｇ８（ＮＥＷＧ８《ニュージーエイト》、新興《エマージング》Ｇ８）」の一国になった。

東南アジアは、「アセアン」（ＡＳＥＡＮ）10ヶ国で、政治と経済の両方で平和にまとまっていく。アセアンとは、インドネシア、タイ、マレーシア、シンガポール、フィリピン、ベトナム、ブルネイ、ミャンマー、ラオス、カンボジアが加わった東南アジアの主要10ヶ国である。東南アジアは「対立が多くまとまりがない」という評論家たちの批判は、当たらない。東南アジアを分断（ディヴァイド）させておきたいアメリカの悪意がある。団結のリーダーシップを、インドネシアの、若くて優秀なジョコ・ウィドド大統領（１９６１〜　、61歳）が取っている。

インドネシアのバックには、中国がいる。中国は、東南アジアＡＳＥＡＮへの対応は、インドネシアを通して行う、と決めたようだ。

フィリピンのドゥテルテ元大統領は、「中国がお金をくれるのなら、島を売り渡してもよい」と繰り返し発言していた。いまのフィリピンのマルコス（2世、ジュニア）大統領は、ドゥテルテの弟子である。人口が多く成長が著（いちじる）しい東南アジアの国々からは、こうして抜群（ばつぐん）に優れた指導者が、入れ替わりで登場する。

だから、東南アジアはＡＳＥＡＮ10ヶ国で、経済も政治も両方で平和にまとまっていく。ジョコ大統領の任期は２０２４年までである。それでも、東南アジアの人口はまだまだ若い。７億人もいる。若くて優秀な次の指導者は、いくらでも出てくる。

それから、インドネシアには「首都移転計画」がある。ジャワ島の西端にある首都のジャカルタが、あまりにも人口と経済活動が集中し過ぎて、車の渋滞も恐ろしい状態である。ジョコ大統領が、このままでは危ないと判断したのだ。大局を見た英断である。日本の政治家に、ここまでできる人物はいない。あの田中角栄（1918～1993）だけであろう。

新しい首都は、カリマンタン島（＝ボルネオ島）の東端の南側に建設される。ボルネオ島の「ボルネオ」と「ブルネイ」は同じ言葉である。このカリマンタン島とボルネオ島は、同じ島である。北半分がマレーシア領（サラワク州とサバ州）、南半分が、インドネシア領である。

インドネシアが、このボルネオ島のことをカリマンタン島と呼ぶ。ボルネオ島の南東部に、インドネシアの新しい首都「ヌサンタラ」（群島の意味）が移転されてくる。「ブルネイ」という小さな資源国も、このボルネオ（ブルネイ）島の北端に浮かぶ、小さな島国である。人口はたったの46万人である。しかし、石油と天然ガスが湧き出る国なので、国民は裕福である。

18世紀から19世紀のあいだに、オランダとイギリスが、ボルネオ島の奪い合いをした。だから、北半分がイギリスの植民地であったマレーシア領になった。南半分が、オランダ領のインドネシアに所属することになった。

さらに、ジョコ大統領は、インドネシアの新しい首都を、最先端のフィンテック都市（サ

東南アジアは、アセアン（ASEAN）10ヶ国で平和にまとまっていく。団結のリーダーシップを、若くて優秀なインドネシアのジョコ大統領が取っている。

時計回りで、アンワル・マレーシア新首相、フック・ベトナム大統領、プラユット・タイ首相、ドゥテルテ元フィリピン大統領、ドゥテルテとマルコス・フィリピン新大統領

インドネシアのバックには、中国がいる。中国は、東南アジア（ASEAN）への対応はインドネシアを通して行うと決めた。フィリピンのドゥテルテ元大統領は、今でも大人気。「中国がお金をくれるのなら、島を売り渡してもよい」と発言した。今のマルコス（ジュニア）新大統領も、ドゥテルテの弟子だ。

イバー都市）にすると発表した。香港やシンガポールのような、国際金融都市にもするそうである。ここまで、明確なヴィジョンを公言して、すでに着工している。頼もしい限りだ。日本の政治家は、ジョコ大統領のつめ垢（あか）を煎じて飲むべきだ。

●「インドネシア新首都『フィンテック都市に』香港と対抗」

インドネシアのジョコ大統領は17日の日本経済新聞のインタビューで、カリマンタン島（ボルネオ島）東部に置く新首都をフィンテックの企業が集積する都市にしたい意向を示した。シンガポールや香港などアジアの主要な金融都市との差別化をはかるため誘致に向けた優遇策を打ち出す考えも表明した。

ジョコ氏は首都を現在のジャカルタから約２０００キロメートル離れた森林に移すことを決め、自ら「ヌサンタラ」と名付けた。３月の日本経済新聞のインタビューでは環境に配慮してＩＴ（情報技術）も駆使し「グリーンでスマートな都市にしたい」と述べていた。今回新たにフィンテックの軸を打ち出した。

「シンガポールや香港とは違った金融の都市にしたい。フィンテックの企業を集めるため競争力のある優遇策を提供する」と明らかにした。インドネシア政府は、４６６兆ルピア（約４兆１５００億円）と見積もる費用の２割を国費、８割を民間や外国からの資

ジョコ大統領は、インドネシアの新・首都「ヌサンタラ」を、新しいフィンテック都市(サイバー未来都市)にすると発表。シンガポールをさらにハイテクにした、「国際サイバー・ハブ都市」になる。

東南アジア(ASEAN)の中心が、インドネシアの新首都へ移っていくことが分かる。

今年からインドネシアの新しい首都「ヌサンタラ」の建設が始まる。カリマンタン(ボルネオ島)の南東に移転する。新首都のすべてが完成するのは2045年と計画。中国がその資金の大部分を出資する。日本のODAも参加する。これまで見たこともない、アジアの新しい未来都市ができる。

金でまかなう計画で、予算不足の懸念が指摘されている。

ヌサンタラをめぐっては中国の習近平（シー・ジンピン）国家主席が建設を支援する意向を表明している。ジョコ氏は、ドイツや韓国、アラブ首長国連邦（ＵＡＥ）、日本なども投資に関心を示しているとし、資金の調達に自信を示した。

ジョコ氏は16日、新首都に２０３６年夏季五輪を招致したい考えを表明した。大統領府など一部の政府機能を24年に移転する予定で「12年の準備期間は確保できる」と述べた。

インドネシアは２０２２年に20カ国・地域（Ｇ20）の議長国を務めた後、続いて２０２３年に東南アジア諸国連合（ＡＳＥＡＮ）の議長国に就く。ジョコ氏は「ＡＳＥＡＮが世界の成長の中心になれるように集中していく」と意欲を語った。


（日本経済新聞、２０２２年11月17日 19:00）

今年（２０２３年）から、インドネシアの新しい首都の建設が開始される。これまでジャカルタにあった政府機関は、２０２４年には新首都ヌサンタラに先に移してしまう。新首都のすべてが完成するのは、２０４５年と計画されている。しかし、コロナが明けた今年から、ものすごいスピードで新首都の開発、移転が始まるだろう。中国が、その資金の大部分を出資する。日本のODAも参加する。中東のUAE（アラブ首長国連邦）やドイツ、韓国も出資する。

ジョコ大統領は、インドネシアの新・首都「ヌサンタラ」を、新しいフィンテック都市（サイバー未来都市）にすると発表した。これまで見たこともない、アジアの新しい未来都市ができる。巨大な東南アジアの新しいハブ都市になるだろう。

HSBCは、イギリスから中国・アジア部門を切り離す？

HSBC（香港上海銀行）という、イギリスの巨大国際銀行がある。この銀行は、今でもイギリス籍の企業ということになっている。しかし実際は、もうずっと前からその本社機能は香港に置かれている。香港上海銀行（ホンコン・シャンハイ・バンク・コーポレイション）という名前のとおり、香港で設立されてからずっと、本社は香港にあった。

1997年に、香港がイギリスの植民地支配から中国領へ返還された。その少し前の1993年に、HSBCの本社もイギリスのロンドンへ移しただけだ。

イギリスが香港を植民地にしたときからずっと、世界貿易の覇権を握りしめた。アジアで禁止されていたアヘンを違法に売りさばいた。いわゆる「三角貿易」で、アヘンと綿と紅茶で回して荒稼ぎをした。イギリスの悪らつな植民地貿易で積み上がる利益を、現地で管理したのがＨＳＢＣだった。イギリス本国へ送金するための「植民地銀行」であった。

今では、かつての植民地である中国や香港、東南アジアやインド、中央アジア、中東諸国の資金を預かる。世界64ヶ国にあるＨＳＢＣグループの収益の65パーセントが、すでにアジア諸国からの売り上げである。そのうち香港が3割、中国を加えて4割になるという。歴史というのは、恐ろしい。

昨年２０２２年になって、ＨＳＢＣの中国・アジア部門を、イギリス・ヨーロッパ部門から切り離す、という議論が出ていた。この騒動の発端は、２０２０年のコロナ・パンデミック危機が勃発した年に、ＨＳＢＣのイギリス本社が、ＨＳＢＣ株の「配当金」を香港の株主たちに支払わなかったからだ。

イギリスの金融監督庁（ＦＳＡ）が、コロナ危機を理由に配当金の支払いを停止させた。香港やアジアの株主たちは、年金代わりの配当が受け取れずに大慌てをした。それで、香港政府からも、ＨＳＢＣのイギリス本社へ抗議をした。

しかし一番怒ったのは、いまやＨＳＢＣグループの最大株主（8パーセントを保有）である、中国の最大手保険企業の中国平安保険集団（ピンアン・グループ）だ。平安(ピンアン)グループは、これは危ないということで、「もうＨＳＢＣのアジア部門は、イギリスの本社から切り離してくれ」と、クレームをあげた（参照「香港議員、アジア事業分離と平安保険からの役員要求　HSBC否定的」ロイター、2022年8月1日。https://jp.reuters.com/article/hsbc-ping-an-of-china-shareholders-idJPKBN2P70Q2）。

イギリス本国は、相当に経済状況が危ない。それでも、配当の支払いなど重要な金融機能を、イギリス本社が握ったままである。だから、本社機能がある香港のアジア・中国部門は、もうイギリス欧州部門から切り離す。分離独立させてくれと言い出した。そういう動きである。

それから、北尾吉孝が率いる日本のSBI（ソフトバンク・インベストメント）が、HSBCの株を大量に購入しているという情報がある。中国の平安グループを追い抜いて、筆頭株主になれるのか。

日本の北尾には、この中国とアジアに深く根を張る、イギリス籍の巨大な国際銀行を経営する能力はない。株を保有して大株主になるのが関の山である。

しかし北尾は、中国政府ともつながっている。中国の金融資本が、日本の地方銀行を買収に来ている。SBIの北尾は、日本の金融庁から日本国内の倒産しそうな地方銀行の整理統合や買収をまかされているという。

一方、中国政府は、平安保険グループを通じて、HSBCを監督している。だから、日本のＳＢＩの北尾が、中国政府とのコネクションで、ＨＳＢＣのこれからの動きに食い込むことができるのか。注視する必要がある。

石油の取り引きは、「米ドル」決済から「人民元」決済へ

習近平は、２０２２年の12月、国家主席3期目に就任してすぐ、12月8日に、サウジアラビアを訪問した。サウジアラビアを動かす最高権力者、ムハンマド・ビン・サルマン（ＭＢＳ）王太子と固い握手を交わした。中国とサウジアラビアのあいだで、石油の取引を、さらに拡大させることを謳った「包括的戦略協定」が結ばれた。

ここで「石油」を「人民元」で取引することが公言された。世界経済はこれから「人民元・石油本位制」（ペトロ・ユアン体制）へと、急速に動く。

習近平は、高齢のサルマン国王（１９３５～　、87歳）とも、すでにしっかりと信頼関係を築いている。その後継者で、実質的にいまのサウジアラビアを動かしているのがＭＢＳ＝ムハンマド・ビン・サルマン王太子（×皇太子は間違い。１９８５～　、37歳）である。

この戦略協定（ストラテジック・パートナーシップ）で、これまでアメリカが支配してきた「ドル・石油本位制」（ペトロ・ダラー支配体制）は崩壊したのである。この事実が世界に向

習近平は、国家主席3期目に就任してすぐサウジアラビアを訪問。サウジアラビアを動かすムハンマド・ビン・サルマン（MBS）王太子と、固い握手を交わした。「石油」を「人民元」で取引することが公言された。世界経済はこれから「人民元・石油本位制」（ペトロ・ユアン体制）へと、急速に動く。

習近平は父親のサルマン国王とも、すでにしっかりと信頼関係を築いている。

サウジアラビアのMBS王太子と

サウジアラビアと中国は、石油取引のさらなる拡大をうたった包括的戦略協定を結んだ。これで、これまでアメリカが支配した「ドル・石油本位制」（ペトロ・ダラー支配体制）が崩壊した。この事実が、世界に向けて表明された。これまで、世界のすべての石油取引は「米ドル建て」で行われてきた。そのシステムがいよいよ終わりを告げる。ドルの価値は、急落する。身構えるべきだ。

けて表明された。これまで、世界のすべての石油取引は「米ドル建て」で行われてきた。サウジアラビアとアメリカの間には「ワシントン・リヤド密約」（1974年）が結ばれていた。前著でも書いた。そのシステムがいよいよ終わりを告げる。次は、石油の貿易決済を人民元（チャイナユアン）で行う。「人民元・石油本位制」（ペトロ・ユアン体制）が始まる。だからこれから「石油」の後ろ盾（うしろだて）を失ったドルの価値は、急落する。米国債を始めアメリカにたくさん貢（みつ）いでいる私たちは、本気で身構えなければならない。

中国とサウジアラビアとの間の「包括的戦略パートナーシップ協定」の内容をまとめた記事を、以下に載せる。この日経の記事は、正直に、この中国とサウジの協定は「米欧の批判に対抗する姿勢で一致した」と書いている。

●「中国とサウジが包括協定　習近平氏、国王や皇太子と会談」

中国の習近平（シー・ジンピン）国家主席は8日、サウジアラビアの首都リヤドで同国のサルマン国王や実力者のムハンマド皇太子と会談した。原油取引拡大などエネルギー協力について協議し、両国は戦略的包括協定に署名した。人権侵害を巡る米欧の批判をはねつける方針でも一致した。

中国外務省の発表によると、習氏はサルマン国王との会談で「中国は多極化する世界でサウジは重要な力を持つとみており、サウジとの全面的戦略パートナーシップ関係の発展を非常に重視している」と述べた。サルマン国王は「対中関係の発展を非常に重視している」と語った。

サウジ国営通信によると、両国はサウジの経済改革「ビジョン２０３０」と中国の広域経済圏構想「一帯一路」での連携や、直接投資を広げる覚書などを交わした。サウジでの中国語教育に関する協定なども結ばれた。

伝統的に親米のサウジだが、バイデン米政権とは人権や原油の生産政策を巡ってすきま風が吹く。中国は原油や天然ガスなどエネルギー調達先としてサウジを重視しており、接近してサウジと米国の友好関係にくさびを打つ思惑がありそうだ。

習氏とムハンマド氏の会談の柱はエネルギー協力だ。習氏は「原油貿易の規模を拡大し、油田探査・開発の協力を強める」と語った。ムハンマド氏も「より多くの中国企業がサウジの工業化に積極的に関与し、重要インフラ建設やエネルギー協力事業に参加することを歓迎する」と述べた。（中略）

会談のもう一つの柱は、米欧の批判に対抗する姿勢で一致したこと。習氏は「中国はサウジが国家主権、安全、安定を守るのを断固支持する。サウジが国情にあった発展の道を歩むことを支持する」と述べた。「国情にあった発展」は米欧による人権や法治を

巡る批判に、中国が反論で用いる常とう句だ。（中略）
……9日には中国とアラブ諸国による首脳会議や湾岸協力会議（GCC）諸国首脳との会議も予定する。
リヤドには8日、エジプトのシシ大統領やクウェートのミシャル皇太子らが会議に出席するために到着した。中国にはサウジだけでなく、GCCやアラブ諸国との連携をさらに深める狙いもありそうだ。

（日本経済新聞、2022年12月9日）

中国とサウジアラビアは、アメリカなど無視して、「人民元」で石油代金の支払いをするよ、と世界に向けて宣言しているのである。これが、習近平が国家主席の3期目に就任して、一番最初にやったことだ。だから習近平は、わざわざサウジアラビアまで訪れている。

そしてさらに、このあとサウジアラビアは、何と宿敵（しゅくてき）であったイランと今年（2023年）の3月10日に突然、国交を回復した。これも中国の仲介であった。アラブ諸国は、中国とロシアを中心とするブリックスやアジアの新興国と連携するために、団結したのである。

これは歴史的な大事件である。しかし、欧米のメディアは、だんまりを決めこんでいる。日本のマスコミも取り上げない。もう批判する余力もない。

中国とロシアは「人民元=石油=金」のトライアングルで、世界の通貨体制、国際決済の仕組みをつくり上げて行く。これが新しい国際通貨・決済制度、「ブリックス・ペイ」の骨格になる。

昨年世界で話題になった、クレディ・スイスの債券アナリスト、ゾルタン・ポズサーが予言。

ロシアは「原油（石油）」を「金（ゴールド）」で売り始めるだろう。なぜなら、「米ドル」や「ユーロ」で支払いを受け取っても、「経済制裁」で欧米が差し押さえてしまうから。昨年、世界的に有名になったクレディ・スイス（倒産の危機が騒がれた）の債券アナリスト、ゾルタン・ポズサーがこの予測を書いた。ポズサーは、ウクライナ戦争の直後の、西側諸国からロシアへの「経済制裁」を評して、「ブレトンウッズ3（スリー）」の時代が始まったと喝破（かっぱ）した。

さらに、こんどはロシアが、「石油価格」と「金価格」（ゴールド）をリンクさせると言われている。これで「人民元＝石油＝金」のトライアングルが出来上がる。こうして世界の新しい通貨体制、国際決済の仕組みが作り上げられて行く。これが、先に書いた、新興国と資源国による新しい国際通貨・決済システムの「ブリックス・ペイ」になるのである。

ロシアは、ロシアの国内で産出された石油（「ウラル・オイル」と呼ぶ）を、米ドルやユーロなどの通貨ではなく、すべて「金」（ゴールド）の支払いで販売する。

この驚きの予測をしたのが、スイスの大手金融機関クレディ・スイスの債券アナリスト、ゾルタン・ポズサーである。クレディ・スイスはこの3月15日に倒産の危機が騒がれた。スイス政府に救済され、ＵＢＳに買収される形で何とか崩壊を免（まぬが）れた。そのクレディ・スイスの２０２２年12月7日の顧客向けレポートで発表した。

ハンガリー生まれのゾルタン・ポズサー（１９７９〜　）は、昨年、世界的に有名になった債券アナリストである。

ポズサーは、ウクライナ戦争の直後に始まった西側諸国からロシアへの「経済制裁」を評して、「ブレトンウッズ３」の時代が始まったと断言した。

ブレトンウッズとは、第２次世界大戦の終戦直前の１９４４年7月に、連合諸国のあいだで締結された「ブレトンウッズ協定」のことである。

ブレトンウッズ体制では、米ドル35ドルは、金（ゴールド）1オンス（31・1グラム）と交換できるというシステムだった。つまり、おおよそ「米ドル1ドル＝金1グラム」という価値の裏付けが米ドルに与えられたのである。だから、実物の金と結びつけられた米ドルは、世界の「基軸通貨」になることができた。

戦後の世界で、米ドルだけが、実物の金と交換をすることができた。これを「兌換紙幣」という。「実物資産」である金に、その価値を保証された紙幣である。

これを、1971年の「ニクソン・ショック」で、アメリカ政府がみずから停止した。このときから、「ブレトンウッズ2」の時代が始まった。そのように、ポズサーが断定した。「ブレトンウッズ2」の段階では、こんどは世界のすべての「石油」の売買取引を、「米ドル建て」で決済するというルール（密約）が決められていた。だから、米ドルの価値は、石油という実物資産で裏付けられていた。これを「米ドル・石油本位制」（ペトロ・ダラー・システム）と呼んだのである。

石油の裏付けがあったから、米ドルの価値は担保されて、そのまま世界の基軸通貨として貿易や金融取引の主軸通貨でいられた。これで世界経済の「米ドル支配」をそのまま維持することができた。

そして2022年2月、ウクライナ戦争が勃発した。ロシアの中央銀行が保有していた

「米ドル」の資産は、アメリカ政府が一方的に決めた「経済制裁」で凍結された。そのまま差し押さえられ、アメリカによって没収までされることが世界に知れ渡った。

だから、ポズサーは、今の世界の通貨体制はまさに「ブレトンウッズ3」の次元へ、一気に突き抜けてしまったと断言したのである。

これで、世界中の経済学者や金融アナリストや政治家たちが、このゾルタン・ポズサーのレポートの意味と重要性にハッと気がついた。そして皆が驚いた。

そのゾルタン・ポズサーが、今度は「ロシアは、原油を金（ゴールド）建(だ)てで販売し始めるだろう」と、新たな驚きの予言をした。

さらにポズサーは、ロシアが、ロシア産の原油を金（ゴールド）による支払いで輸出するようになると、何が起きるか。実質的にロシアが「金（ゴールド）価格」を動かせるようになる、とまで書いている。

この、ゾルタン・ポズサーの最新のレポートを簡潔にまとめた記事を以下に転載する。筆者が自動翻訳機も駆使して和訳した。じっくり読んでください。

「『ロシアが石油の代金として金（ゴールド）を受け取れば、金価格は３６００ドルに倍増する』クレディ・スイスのゾルタン・ポズサーは述べた」

クレディ・スイスのゾルタン・ポズサー氏は、「考えられないようなマクロ経済シナリオ」が続くこの年に、ロシアがＧ７が要求する原油価格の「上限設定」に応じる代わりに、原油の代金として金（ゴールド）を受け取り始めた場合、金の価格は２倍の１オンス３６００ドルにまで上昇しうると述べた。

ポズサー氏は、顧客向けレポートの中で、ロシアが経済制裁に対抗して、原油の代金として金を受け取るという決定でもしない限り、この年末に金融市場の流動性が逼迫して金融危機が起きる可能性は低いと述べている。

このような結末は、この世のものとは思えないかもしれない。しかし、今年の地政学的、マクロ経済的なサプライズを考えれば、それほど突飛な話ではない。そのように、ポズサー氏は「オイル、ゴールド、LCLo(SP)R」と題するメモで述べている。（中略）

このシナリオでは、ロシアのプーチン大統領は、最近導入された「１バレル60ドル」の原油価格の上限設定に対して、「金（ゴールド）１グラムで２バレル」の原油を販売することになる。

現在の市場価格では、ロシアの原油の１バレル60ドルという上限は、金１グラム60ドルという今の金価格に等しいとポズサーは言う。つまり、米国は、ロシアが輸出する原油を60ドルという価格に固定することで、1バレルの原油を金1グラムと固定したことになる。

そしてこれは、米国が、安い石油で戦略的備蓄を補充しようとしている時に起こる。この場合、「ロシアの石油に対して米ドルが事実上『切り上げ』られたことになる」とポズサーは指摘する。

「しかし、欧米が石油価格の値引きを求めたときには、ロシアは欧米が断れないような提案をすることができる。つまり、『1グラムの金で支払ってくれたら、もっとたくさん売ってあげるよ』と言うのである。

ロシアは、『原油1バレル=60ドル』のペッグ制（上限設定）に対抗して、原油2バレルを金1グラムと交換すると言えばいい。そうすると、金の価格は2倍になる」とポズサーは説明する。

こうして金（ゴールド）はロシアの一存で、現在の1オンス1794ドルという水準から、1オンス=3600ドルにまでなりうるのである。

（キットコ・ニュース、2022年12月7日。アンナ・ゴルボワ筆）

だからこれから、「人民元＝石油＝金」のトライアングルが基準になる。これをもとにして他の「実物資源」の価値も自由に連動させられるようになる。これが、新興大国の新G8（ニュージーエイト）と資源国による共通の新しい国際通貨・決済体制になる。「ブリックス・ペイ」の骨格になるだろう。

右の記事で解説されているとおり、現在、金（ゴールド）1グラムは、いま米ドルでおおよそ60ドルである。

そして、奇妙な一致（いっち）であるが、アメリカのバイデン大統領が提唱した「プライス・キャップ」（価格上限設定）も、ロシア産の原油1バレル（159リットル）を60ドルにすると決めた。この上限設定は、昨年2022年の12月5日から始まった。

この「プライスキャップ」（価格上限）のせいで、世界の石油価格もこのときから急落を始めた。いま現在、石油1バレルは70ドル台だ。

しかし、先の記事にあるとおり、ゾルタン・ポズサーがものすごい理屈を展開する。

これからロシアが、

「実物の金（ゴールド）で支払ってくれるのなら、ロシア産の原油を金1グラムに対して2バレル売ってあげるよ」

と言い始めるだろう。これが実現すると、何と、金（きん）の価格は一気に2倍になってしまう。

米バイデン大統領が、

「ロシア石油1バレル＝60ドル＝金1グラム」

で、ロシア産の石油の価格に「価格上限（プライス・キャップ）」を設定した。

ところがこんどは、ロシアのプーチン大統領が、それならばと言って

「ロシア石油2バレル＝120ドル＝金1グラム」

で売ってもいいよと言う。ロシア産の石油を金（きん）の支払いで販売し始める。この事態を、ポズサーは予測している。このときに、3つの等式の一番上だけ抜いてみると、

「120ドル＝金1グラム」

という結果になる。つまり、金の価格は、なんと、「1グラム60ドル」から一気に「1グラム120ドル」という倍額に上昇するのである。

つまり、ロシアのプーチン大統領のひと声で、金（ゴールド）の世界価格を、2倍にすることができるというのである。

これは、ロシアが世界に対して「金価格」をコントロールする主導権を握ってしまうことになるのだよ。と、ポズサーが西側諸国の頭の弱いリーダーたちに、やんわりと警告を発している、ということなのだ。

こうしてロシアが、アメリカに「プライス・キャップ（価格上限）」を設定されたロシア

産の原油をテコにして、みごとに金（ゴールド）の価格を支配しコントロールしてしまう。最後には、金（ゴールド）を基準にした世界の貿易決済や国際通貨体制まで、創り上げてしまうであろう。この恐るべき事実が、こうして発覚してしまった。

これは、ものすごい戦略である。もちろん、プーチン大統領はこの事実をよく分かっている。

そして、このゾルタン・ポズサーの予測（予言）は、実際には外れても問題ではない。なぜなら、金（ゴールド）の価格はすでに、ブリックス（ＢＲＩＣＳ）新興国のあいだでは「1オンス＝２５００ドル前後」の相当額で取引されていたからである。昨年3月から、ロシアの中央銀行が、「金1グラムを、５０００ルーブルで買い取る」と世界に向けて宣言したからだ。現実の世界でも、金価格は実質的に高く評価されているということだ。

現在、欧米の西側のコモディティ市場が提示する金価格は「1オンス＝１９００ドル」まで上がってきた。このブリックスと新興諸国のあいだだけの、「独自の金価格」に少しずつ近づいてきている。

このロシアの金買い取り宣言によって、ルーブルという通貨に、金（ゴールド）の価値が裏付けられた。ユニークな「ゴールド・スタンダード（金本位制）」が、ロシアから復活したのである。

これによって、「ウクライナ戦争」の勃発後に急落していたロシアのルーブルは、急回復した。

このようにして、ロシアと中国を中心にして、世界の「金価格」や「石油価格」を、新興国と資源国のあいだで決めてしまえる新しいシステムが出来上がりつつある。

しかしまだ、この手段は使わない。欧米西側に気づかれないようにしばらく放っておく。いざというときに、オセロや囲碁の大どんでん返しの戦術として使う。最後の最後まで残しておくのである。

もし東京都内や地方都市が、震災や火山の噴火、ミサイルの着弾、テロ、戦争で「火の海」になったら

「富士山や箱根が噴火したら？　大地震や巨大台風、水害などの自然災害に襲われたら？　台湾で武力衝突が起き、戦争になったら？　他国からミサイル攻撃を受けて東京が「火の海」になったら？　そのようなときに備えて、日本国内に、避難用の居住物件を買うとするならいったいどこの地域が良いか？」

このような質問も、ときどき客から受ける。私は、「サバイバル術」の専門家ではない。プロフェッショナルのサバイバルは、レスキュー隊（消防特別救助隊）や自衛隊など、その

国の警察や消防隊、そして軍隊がもっているノウハウである。

この人は、すでに資産は外国に移してある。しかし、まだ今すぐに、海外に移住することは難しい。

しかし日本国内にいると、やはり、突発的な自然災害が恐ろしい。私たちは、２０１１年３月の「東日本大震災」で、すでにこの経験をしている。

まずはできるだけ、人々の混乱を避けられる場所に避難したい。誰もがそう考えている。しかし、自宅を「長期避難場所」として装備しておくことも重要である。

「火の海になる」では漠然としすぎて、対策を立てることができない。もう少し具体的に考えるべきである。

たとえば、以下の質問に答えてみる。

【防災関連の知識】

1．自身の住まいや会社（勤務先、事業所、店舗）がある地域の「ハザードマップ」を見たことはあるか？

2．保有する不動産の近くに川がある場合、その上流の「水位観測所」はどこにあるのか知っているか？

【防災対策の意識、実行力】

3. 今までに、避難用の「別荘」「別宅」を保有したことはあるか（購入または賃貸）？
4. 今の自宅に、何リットルの「飲料水」を常備しているか？
5. 自宅に、数日間の停電のための「発電機」を備えているか？
6. 自宅に、スマホやパソコン、タブレットを同時に充電できる「大型バッテリー」を保有しているか？
7. 自宅に、マイナス30度以下に下がる「低温冷凍庫」を持っているか？

以上のような質問について、自身の現状を考えてみることから始めるべきだ。

「首都圏や地方都市が火の海になる」というのは、「巨大地震」や「火山の大噴火」「巨大な自然災害」、または「テロ攻撃」や「ミサイル攻撃」が、本当に起きたときである。ミサイルやテロや火山の土石流、大量の火山灰が家の周りに飛んで来たら、少しでも早く、戦火から遠くまで逃げるしかない。

しかし、地震や台風などで電気や交通手段だけが封鎖された場合は、しばらく自宅で待機

日本国内の不動産は、「実物資産」としてだけでなく自分の「命」を保全するための「避難場所」である。自分でとことん装備とメンテナンスをしておく。「自助の気構え」が重要。

上）マイナス30度以下で保存できる「低温冷凍庫」が食料の長期保存には必要。

左）ガソリンを使う発電機は、長期保存に不向きだ。カセットガスなどカートリッジタイプが有効。

上）大容量モバイルバッテリー
左）1000W出力のポータブル電源

①自身の住まいや会社（勤務先、事業所、店舗）がある地域の「ハザードマップ」を見たことがあるか?

②近くに川がある場合、上流の「水位観測所」はどこか?

③今までに、避難用の「別荘」「別宅」を保有したことはあるか（購入または賃貸）？

④今の自宅に何リットルの「飲料水」を常備しているか?

⑤自宅に数日間の停電用の「発電機」を備えているか?

⑥自宅にスマホやパソコンを同時に充電できる「バッテリー」や「ポータブル電源」を保有しているか?

⑦自宅にマイナス30度以下で保存できる「低温冷凍庫」を保有しているか?

することになる。

イザと言うときに、自分の家をすぐに「中・長期の避難場所」として使用できるようにするということだ。期間はとりあえず1週間である。普段から、そのための備えとそのメンテナンスができるかどうかが重要だ。

質問の5と6は、現代社会の日常生活のなかで最も大切で必要不可欠な「電気」の蓄えである。どんな緊急災害のなかでも、自分の手もとで「電気」だけは確保するという意識が必要だ。そして、質問の4番と7番が、食料の長期保存である。1週間から1ヶ月、水と保存食でしのぐということだ。

自分が避難する場所としての不動産は、こうして自分でとことん装備をしてメンテナンスをして守り抜く。この「自助（じじょ）の気構え」が、最も重要である。

それから、災害時の避難方法やそのための準備については、自分のなかで一度、具体的にイメージしながら構想してみるべきだ。「緊急災害」が本当に起きたときに、自分はまずどのように動くのか。頭のなかで、いろいろとシミュレーションと演習をすることだ。

避難をしたときのように「限られたスペース」や「限られた食料」「限られた燃料」でのサバイバル術である。「バッテリー」や「食材」や「水」をいかに有効に保存できるか。

いきなり「避難」を考えるのではなく、まずはいま住んでいる「自宅」で、災害時に長期間（数日から数週間）を生き残るための準備をすることが重要である。

東京や地方都市のなかでも「ライフライン（生活に必要なインフラ設備、供給網）」が切れづらいところがある。近くに「自衛隊の基地」がある場合は、とにかくそこへ逃げ込むべきである。

現在の住まいが「タワーレジデンス」（×マンション＝Mansion というのは間違い。英語で「大邸宅」のこと）であれば、いつも「耐震の環境」にいるということになる。

それでも、レジデンス（アパートメント、コンドミニアム）に住むのであれば、高齢であれば4、5階くらい、あるいは、自分が「非常階段」で歩いて上り下りできる高さまでにするべきだ。災害でエレベーターが止まっても、地上との行き来が容易であるべきだ。

災害時には、「電気」はもちろん「水」も出なくなる。トイレを流したり入浴するだけでない。いろいろなものの洗浄に使う雑用水も必要である。水が入ったポリウレタン容器などを持ったまま、階段を上り下りしてみる。外から水を持ち込む作業ができるくらいの階数であることが望ましい。

突然の震災や浸水などでしばらくのあいだ（数日間～数週間）閉じ込められるような場合、外からの水の運び入れがものすごく重要になる。

日ごろから、自宅に40リットルの水を置いておく。20リットルの給水器があれば、取り換え用の予備をあわせて40リットル。2リットルのペットボトルなら20本である。これで5、6人の家族で、数日間の飲料水と調理用の水はまかなえる。

それから、自家用の「発電機」は、燃料がカセットガスなど「カートリッジタイプ」になっているものがいい。「ガソリン」で発電するタイプは、1ヶ月に1度くらいずつ使っていないとダメになる。ガソリン自体も長いこと置いておくと、分離して使えなくなる。「長期保存」には向かない。

「発電機」まで使わなくても、携帯用の「大型バッテリー」に常に充電をしてすぐ使えるようにしておくべきである。1000Wくらいの出力がある「ポータブル電源」があると、電気毛布など暖房にまで使えたり、長時間の電源として頼もしい。

さらに、タブレットくらいの大きさで、厚さ数センチくらいある電子機器用の「大容量モバイルバッテリー」もある。これを、スマホやパソコン用に、何台か充電して常備しておくのがいい。電源がなくなると、携帯電話もメールもラインもつながらなくなる。緊急の連絡や情報確認ができなくなってしまう。昔ながらの、乾電池（かんでんち）式の小型ラジオなどアナログ機器も、やはり重要なのである。

それから、長期保存用の「食料品」は、マイナス30度以下まで冷える「低温冷凍庫」に入れておく。扉が上部にあって真上から出し入れできるタイプがいい。ドアが横にあるものは、冷気が逃げやすい。ふつうの冷蔵庫についている冷凍庫は、マイナス20度までしか冷えない。

容量は、70リットルくらいのサイズがあれば、7、8人の大家族でも、数日間の食料は確保できる。マイナス30度まで冷えていれば、たとえ停電になって電気が切断されても、なかのものが完全に溶けるまで、数日間はもつ。

マイナス60度の超低温になると、生ものでも半永久的に保存が可能になるという。

もし「発電機」があれば、その電気で1日2回くらい電源を入れてやる。すると、さらに長い期間、保存用の食料を冷凍した状態が維持できる。

今住んでいる家の周りの、環境や地形を見ることも重要である。地震のときに恐いのは「火災旋風」である。ビルや建物が林立する都市部ではとくに、火災の火が炎の竜巻のようになって、ぐるぐると建物の周囲におおいかぶさるようにして、一気に広がっていく。だから、いざというときに走って駆け込める大きな広場が必要だ。広い敷地が近所にあるかどうかもチェックしておくべきだ。

「戦争」の場合、ミサイル攻撃や空爆がある。自宅の東西南北のどちらに、大きな川があるかも重要だ。川に囲まれた地域では、空襲による緊急避難の際に、「橋」が渋滞して使えなくなる。「川を越える」ための混乱が起きる。

「大地震」のときには、日本の高速道路は意外に脆くて壊れやすい。このことは、2011

年「3・11」の「東日本大震災」のときに分かった。

「首都高」などの高速道路は、震災のときには使えなくなる。そのように想定して、車での脱出ルートを考えておくべきだ。だから自動車で避難するときの経路や、道路の整備具合も確認しておかなければならない。

「戦争以外の災害」を想定するのであれば、まずは、現在の「自宅」でしばらく緊急避難生活ができるように、備えと工夫をする。

「戦争」までを想定するなら、自動車ですぐに逃げられる距離に、別荘を持つべきであろう。その別荘に、長期保存できる食料や水、燃料を貯蔵して確保しておくべきだ。さらに長期戦も考えると、近くで「温泉」に入れるところがいい。

ただし、地方の郊外地域はインフラが整っていない。物質の供給ルート（サプライチェーン）も途切（とぎ）れる。畑がたくさんあるような、駅から離れた田舎（いなか）は避けるべきだ。「よそ者はよそ者」である。いきなり逃げ込んできて避難生活を始めても、近所づきあいも大変である。しかしそれでも、「住めば都」ということもある。

第2部

迫り来る世界大恐慌

今、金を売ってはいけない

今、「金（ゴールドバー、コイン、地金）」を売ってはいけない。金（ゴールド）は、あらゆる危機に対する「保険」である。そこそこ値上がりしたからと言って、すぐに売って儲けを取ろうなどと、欲をかいてはいけない。金を買うのは、お金儲けのためではない。金は、あなたの資産を最後まで守り抜いてくれる、唯一の「保険」なのである。

危機とは、アメリカと中国との「戦争」である。それから、アメリカとロシアとの「戦争」である。それから、株式、債券、投資信託、各種年金・保険から銀行預金まであらゆる金融資産の「大暴落」である。あるいはその「債務不履行」（デフォルト）である。つまり「金融危機」であり「世界大恐慌」である。

それから、「日本円」の価値も大きく毀損している。そのためにあらゆるものの値段が急騰している。これがいずれ「ハイパーインフレ」へと加速する。

危機が襲いかかってきても、最後まで価値を失わない究極の実物資産。それが「金（ゴールド）」である。だから「保険」になるのである。

「ハイパー・インフレーション」とは「通貨価値の急激な下落」である。この危機に対して、実物の金地金を保有しておくことは、そのリスクを回避する対策になる。「通貨」の価値が下がれば下がるほど「金」の値段は上がっていくからである。

世界市場の金の価格は、今は米ドル建てで掲示されている。それをさらに日本円に計算し直して、日本国内で売買されている。だから為替レートの影響は受ける。

しかし、大きくとらえて、日本円の価値が下がると、日本円で買う金の値段は上がる。だから、日本円が急落すると、それと同じだけ物価が高騰して激しいインフレを起こす。このときに、あなたが金を保有していれば、資産を減らさずに済むのである。

つまり金地金（ゴールド）を持つことで「リスクヘッジ」になる。とてもシンプルなリスク対策である。

だからこそ、世界各国の中央銀行が、今まさに米ドル資産を手放して、金（ゴールド）をどんどん買い続けている。以下の日経の記事にあるとおりだ。

●「中央銀行の金購入55年ぶり高水準　２０２２年、ロシア制裁契機」

中国やトルコなどの中央銀行が金（ゴールド）を大量購入している。２０２２年の純購入量は55年ぶりの高水準となった。ウクライナ侵攻後の経済制裁でロシアが保有する米ドルは凍結され、各国で制裁下でも融通が利きやすい金へのシフトが活発になったとみられる。

中国が人民元建てでの原油輸入を増やすなど貿易や金融取引でもドル離れの動きがあり、基軸通貨ドルの影響力が少しずつ弱まっている。

国際調査機関ワールド・ゴールド・カウンシル（ＷＧＣ）が31日、２０２２年の金取引の報告をまとめた。中銀による純購入量（購入から売却を除いた値）は１１３５トンと１９６７年（１４０４トン）以来の高水準となった。

１９６７年は金とドルを固定レートとした金・ドル本位制が、米国の財政赤字や英ポンド切り下げで揺らぎ「欧州中銀が大量に金を買った」（ＷＧＣ）。１９７１年に米国がドルと金の兌換を停止するニクソン・ショックに至る過程だった。

２０２２年の購入量はそれ以来の歴史的な変化だ。ロシア制裁が購入の契機となったとみられる。「欧米と対立することになった場合、米ドルなど『西側』経済圏の資産は保有リスクが高いと印象づけた」（金融・貴金属アナリストの亀井幸一郎氏）（中略）

国別で金購入が目立ったのは中国だ。11～12月の2カ月で62トン買ったことを明らかにした。公表は3年ぶり。11月までの1年間に米国債を約2割減らしており、年間での金購入量はさらに大きい可能性がある。インフレが進むトルコ（１４８トン）やインド（33トン）、カタール（35トン）、ウズベキスタン（34トン）も購入規模が大きかった。（中

> 略）
>
> 中銀の金買いはリーマン・ショック後の2010年ごろから顕著になった。楽天証券の吉田哲氏の協力を得て2012年末と2022年の金保有量を分析したところ、最も保有量を増やしたのはロシアで10年間で約2・4倍の2298トンとなった。中国も約950トン増やしており増加幅はロシアに次ぐ。外貨準備に占める金の比率はロシアが10年で約1割から約2割に高めた。ベネズエラは1割強から8割強になった。（中略）制裁以外にも世界経済やインフレ、米経済への不安も外貨準備の分散の一環として金を買う背景にある。ポーランド国立銀行（中銀）は「金はどの国の経済にも直結せず、世界の金融市場の混乱に耐える」と説明する。
>
> 中銀による金買いはドル離れの象徴だ。外貨準備に占めるドルの割合は2000年には7割を超えていたが、足元では6割を下回るようになった。
>
> （日本経済新聞、2023年1月31日。傍点は引用者）

「金塊（ゴールドブリオン）」は、世界の中央銀行の間では「共通通貨」である。無国籍で、かつ世界中どこでも「同じ価値」をもつ。価値にブレがない。だから、国家の間での「国際通貨」として使われる。

この日経の記事には、中央銀行が大量に金を購入しているその理由まで、はっきりと書いてある。アメリカ政府が、ロシアの中央銀行が保有していた米ドル建ての「外貨準備資産」（フォーリン・リザーヴ）を、差し押さえてしまったからである。

ロシアがウクライナへの軍事作戦を始めてから、たった2日後であった。あっという間に「経済制裁（エコノミック・サンクションズ）」という理由で、ロシアの米ドル資産とユーロ建て資産を凍結した。まるで計画されていたかのような手際（てぎわ）の良さだった。慎重な議論検討も、ロシアとの交渉の余地もなかった。即断であった。

アメリカのバイデン大統領は、ロシア侵攻の翌日、2月25日には経済制裁を発表した。何かがおかしい。通常では考えられない、異常な制裁の決定だった。

この突然の事態を見て、中国を始めとするアメリカが敵視する新興国や資源国は、ハッと気づいた。「自分たちも同じ目に遭（あ）う！」と。すぐにそう理解した。そして、新興国、資源国どうしで、その緊迫感と切迫感を共有した。

米ドル建てやユーロ建てで資産を保有していると、アメリカの一存でその「国家資産」を没収される。この恐ろしい事態を世界は目撃（もくげき）した。アメリカの理不尽で強引な経済制裁を目（ま）の当たりにして、新興諸国は慌てた。

これまで、世界の国々は、アメリカの経済力と通貨の強さを信じて「米ドル」を積み上げ

いま、手元の「金地金(ゴールド)」を売ってはいけない。金(きん)は、あらゆる危機に対する「保険」である。だから世界各国の中央銀行が、金(ゴールド)を買い続けている。

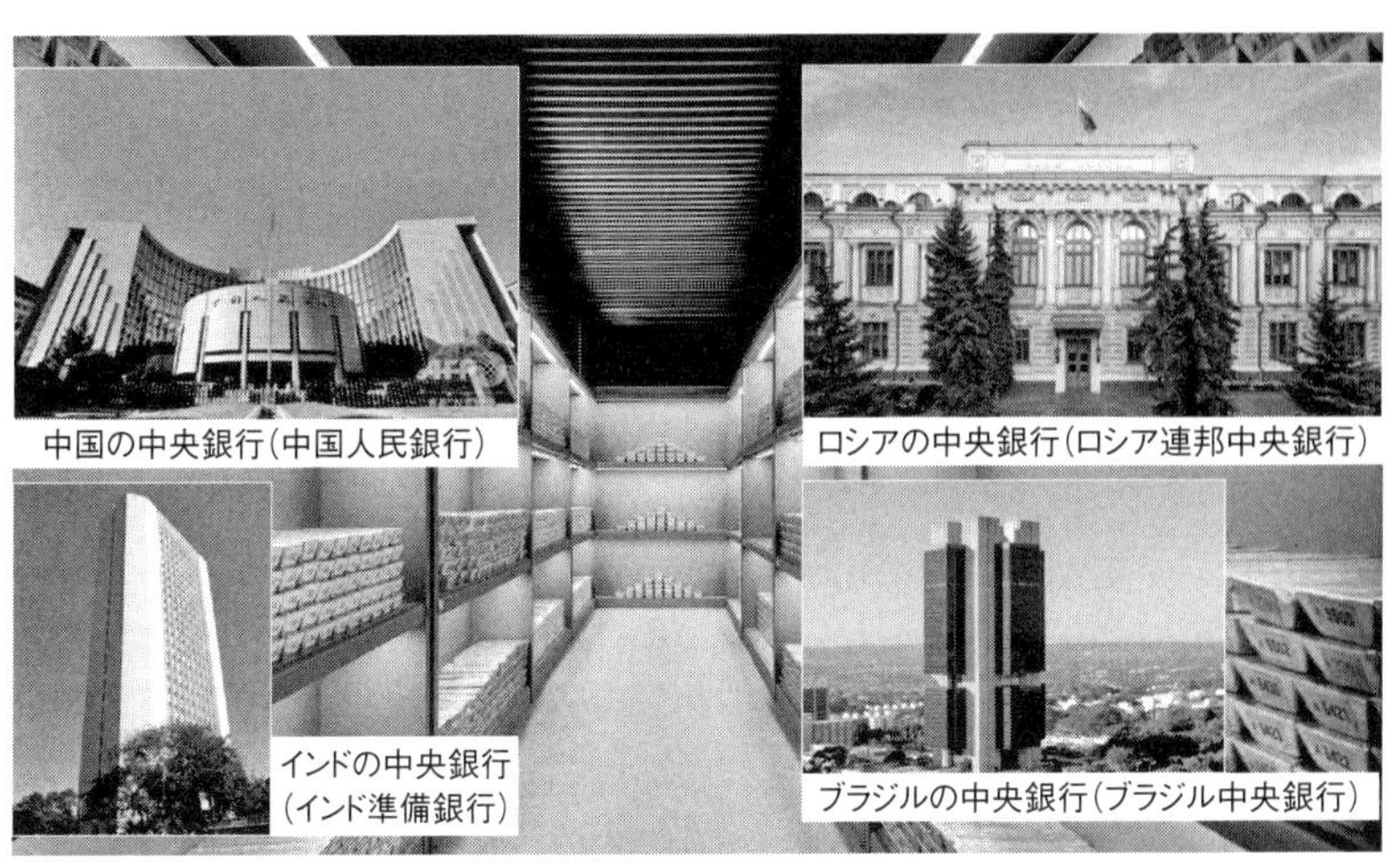

中国の中央銀行(中国人民銀行)

ロシアの中央銀行(ロシア連邦中央銀行)

インドの中央銀行(インド準備銀行)

ブラジルの中央銀行(ブラジル中央銀行)

米FRBは、保有していた金をほぼ売り払った。

米中央銀行FRB(米連邦準備制度理事会)

日銀は例外。アメリカが金保有を許さない。だが、隠れて持っている。

日本の中央銀行(日銀)

あらゆる危機とは、アメリカがしかける中国やロシアとの「戦争」であり、「超インフレ」であり、株式、債券、投資信託、保険・年金など金融資産の「大暴落」、「金融制度の崩壊」つまり「世界大恐慌」である。日本円の価値も大きく毀損している。最後まで価値を失わないのが「金(ゴールド)」。だから「保険」になる。「金塊」(ゴールドブリオン)は、世界の中央銀行の間では「共通通貨」だ。

てきた。「米ドル」と「米国債」の外貨準備（フォーリン・リザーヴ）である。それを、アメリカ政府は、いきなり差し押さえてしまったのだ。この驚愕（きょうがく）の事実を、世界は見せつけられた。だから、本当はこの瞬間に、世界のすべての国が、米ドルという通貨に対する信頼を、失ったのである。

だから、昨年の後半以降ずっと、新興国ばかりでなく西側先進諸国の中央銀行の間でも、じわじわと米ドルと米国債が売られている。そして、売り払った資金でやっぱり金（ゴールド）を買っている。世界中の中央銀行が「外貨準備」（フォーリン・リザーヴ）を「金準備」（ゴールド・リザーヴ）へと転換させている。こうやって国家でさえも、それぞれの国の中央銀行で金（ゴールド）を保有することでリスク対策をしているのだ。

今一番きな臭いのが、アメリカと中国との「戦争」である。アメリカが台湾をけしかけている。日本の自衛隊を動かして、沖縄の米軍と一緒に、日本を中国との戦争に巻き込むつもりである。

だから岸田政権は、アメリカに命令されてしかたなく、無理やり「財源」を見つけて防衛費の増額をさせられている。そして、その財源が「消費税の増税」であり、日本の資産家、富裕層に対する「財産税の増税」なのである。

戦争ばかりではない。日本では、大地震や台風、水害など「自然災害」が非常に身近である。毎年のように、私たちに襲いかかって来る。

大惨事、大災害、大きな戦争が起きたときには、国家のインフラや経済体制、金融システムそのものが破壊される。このような緊急時でも、壊れない、崩れない、紙切れにならない、価値が消えてなくならないのが「金地金」（実物のゴールド）である。

金（ゴールド）だけが、あなたの資産のなかで、唯一「保険」としての役割を果たしてくれるのである。

現代版「預金封鎖」はどう起きるか

客からよく「金を買うときは、1キロバーで持つのがいいか、100グラムバーを10本で1キロとして保全するほうが良いのか」という質問を受ける。

もしあなたが1億円以上、数億から数十億円の余裕資産があるなら、現金のまま国内の銀行口座に黙って寝かせておくのは非常に不安である。

「戦争」が勃発すれば、銀行も日本政府も信用できない。国家は国民の金融資産を狙っている。差し押さえることまでする。国民の「命（いのち）」だって差し押さえる。「徴兵令（ちょうへいれい）」（ドラフト）である。日本政府は、第2次世界大戦で本当にそれをやっている。

今、ウクライナでは実際に、「国家総動員法」（フル・モビライゼイション・アクト）が強制施行されている。それを現実にやっている。18歳から60歳までの、男性ウクライナ人は全員、徴兵されている。

だから、金融資産額が10億円以上の資産家は、その大部分を1キロのゴールドバーにして、日本国外の大きめの高級品専用倉庫にまとめて保全しておくべきである。

そこまでは無いけれども、とにかくまとまった資産が手元にある。たとえば、受け取ったばかりの退職金が数千万円ある。ちょうど相続したばかりの遺産が1億円近くあるという場合だ。あなたは、その大切な資金をとにかく「減らさない」よう守らなければならない。その資金を元手にしてさらに儲けようとか、これから運用してさらに増やそうなどと、甘い考えをしてはいけない。欲をかいている場合ではない。そんな時代は、もうとっくに終わっている。自覚がない人はアホである。

これからもう一度、あの15年前に起きた「リーマン・ショック」よりも、さらにもっと巨大な「金融危機」が、私たち人類を襲う。１００年に1度の「世界大恐慌」が再来する。歴史は繰り返す。

日本国内では、また大規模な「自然災害」が起こりうる。

そして、日本の近くでも「戦争」が起きる。目の前の恐怖（プレゼント・デンジャー）として世界は今、「第3次世界

「金利の急騰(きゅうとう)で銀行が倒産する」「預金が引き出せなくなる」という噂がSNS（ソーシャルメディア）上に広がり炎上(えんじょう)。人々は、銀行窓口やATMに殺到する。これが「取り付け騒ぎ」（バンクラン）だ。アメリカでも、ついに始まった!

上からキプロス、アメリカ、イギリス、ギリシャ。すべて2008年以降に起きた。
ついに2023年3月10日、アメリカで取り付け騒ぎが起きた！（右上）

1997年、日本の山一證券が潰れた。証券会社でも「取り付け騒ぎ」は起きる ➡

「取り付け騒ぎ」をいい機会と捉えた財務省は、銀行の緊急営業停止、「バンクホリデー」（緊急時の臨時休業）を宣言する。実質、口座預金の引き出しが不可能になる。これから起こる、現代版の「預金封鎖」である。

大戦」の瀬戸際にある。「核戦争」になる可能性まで、ずっと騒がれている。

ウクライナとロシアだけの話ではない。アメリカが、どうしても中国の台頭を許せない。アメリカは、唯一の超大国であり続けたい。世界覇権国の地位を、中国に奪われたくない。だから、アメリカは、中国に「戦争」を仕掛けるのである。舞台は、日本の近海である。台湾である。

日本の実質の「国軍」である自衛隊は、日米同盟で参戦することになる。だから、日本の防衛費を2倍にする。アメリカに要求されたのだ。緊急事態が勃発したときには、また、3年前のコロナ危機が始まったあの時と同じく、「緊急事態宣言」が当然のように発令されるだろう。

もしそれが、大規模な金融危機であれば、日本国内の銀行は、「緊急の営業停止」（バンクホリデイ）にされるかもしれない。あなたの大切な預金は引き出せなくなる。突然、ATMも銀行窓口も閉店になる。「引出し制限」が始まる。これが、現代版の「預金封鎖」である。

コロナの「パンデミック危機」で、良く分かった。この3年間で、日本国民は恐ろしいほどの従順さを見せた。どれだけ理不尽で、不可解な政府の命令でも、日本人は誰も文句も言わず、粛々と従った。反対のデモも反乱も起こさなかった。

株価の大暴落や、金利の急騰などをきっかけに、日本国内で金融危機が起きる。「ハイパー・インフレーション」も起きる。日本円の通貨が「紙キレ」になる。「〇〇銀行が倒産する」「預金が引き出せなくなる」という噂が、SNS（ソーシャルメディア）上に一気に広がる。SNSが炎上する。

人々は現金が引き出せなくなる恐怖に駆られて、銀行の窓口やATMに殺到する。これが「取り付け騒ぎ」（バンクラン）である。何と今年（2023年）の3月10日、ついにアメリカ本土で、本当に取り付け騒ぎが起きた。シリコンバレーバンクとシグネチャーバンクの2行も一度に破綻した。銀行前に行列をつくるアメリカ人たちの悲痛な映像が流れた。

日本の場合、この取り付け騒ぎをいい機会と捉えた財務省が、銀行の緊急営業停止、「バンクホリデー」（緊急時の臨時休業）を宣言するだろう。これで本当に、口座預金の引き出しが不可能になる。実質的な「預金封鎖」である。

これが、これから起こる、現代版「預金封鎖」である。

こうして、国民の個人資産を、一気に差し押さえて、凍結させて、そこから「資産課税」の形で取り上げるのだ。「緊急事態宣言」が出ているから、国民は従順である。国民の資産のなかから何割かを、「金融制度保障税」や「国民防衛負担税」などという税目で一方的に徴収していく。

このようにして、私たちが銀行や金融機関、証券会社に預けていた資産は、国家の命令で

「預金封鎖」され、最後には奪い取られるのである。

この悲惨な事態は、77年前の1946年2月に、実際に起きたことだ。日本政府は、この恐ろしい「預金封鎖」と「新円切替」で国民資産の9割以上の没収を、本当にやった。だから、これからも同じことをやる。「昔話」でも「過去の政府による歴史の過ち」でも何でもない。私たちの今の時代の、現実の話になる。

あるいは、日本のなかで「ハイパーインフレ」が現実に起きる。そうすると、お金が「紙切れ」になる。これも実質的な、政府による国民資産の収奪である。

ハイパー・インフレーションで、通貨の価値を1000分の1とかに減らしてしまう。そうすることで、「国家の債務」、「国家の借金証書」である「国債」の借金が、紙キレ同然の価値しかなくなる。

これで、国家の借金1500兆円と、地方政府の借金200兆円、合計1700兆円が、帳消しになる。これは国家からの国民に対する債務である。このとき、「MMT理論」も破綻する。国債を買っていた国民が、その国家への貸付を踏み倒されるだけである。「借金は無くならない」のである。たとえ「国家の借金」であってもだ。

だから、いま世界中の政府と中央銀行が、先に書いたとおり、いそいそと「金地金」（ゴールド・ブリオン）を買い集めているのである。その分、アメリカ政府の借金である「米国

政府が、国家の借金が本当に返せない時は、「預金封鎖」を起こす。国民全員の資産を取り上げる。あるいは、「ハイパーインフレ」でお金を紙切れにしてしまう。

「国民のお金」＝マネーストック（マネーサプライ）の変化

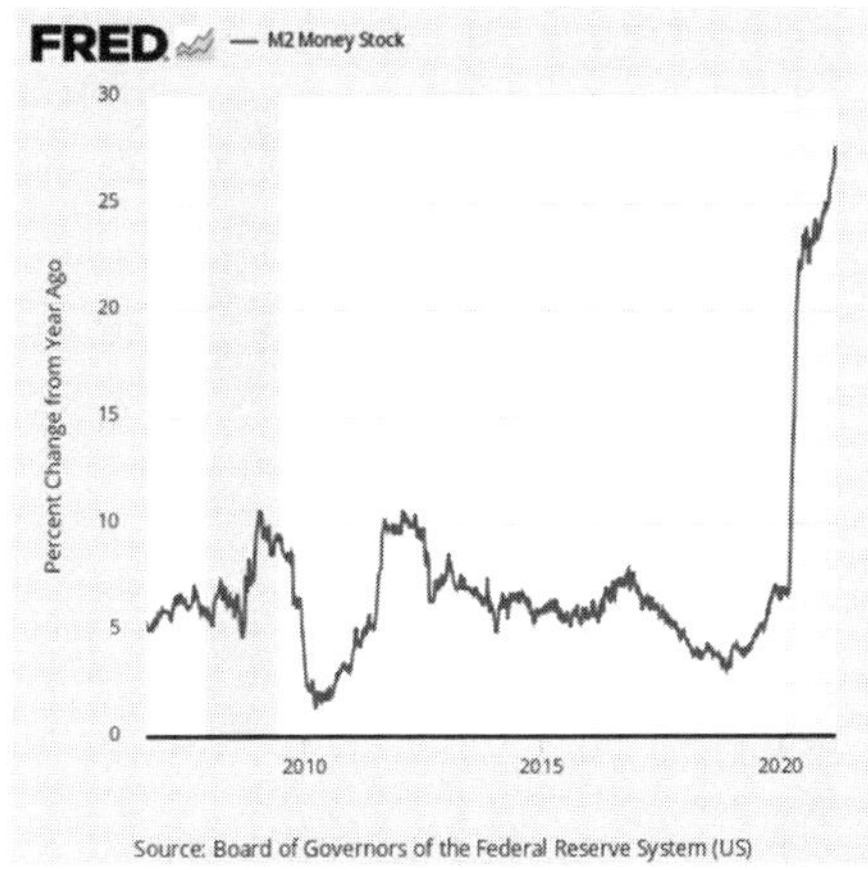

「コロナ給付金」（コロナマネー）のバラマキで、アメリカの国内でも「マネーサプライ（マネーストック）」＝「国民のお金」（国民と企業の現金と預金）が急増した。

これまでの「QE（量的緩和策）」のように「マネタリーベース」＝「銀行のお金」（銀行が退蔵する現金）が増えたのではない。直接、「国民」と「民間企業」のふところに、現金が、一気に転がり込んだ。だから昨年から、「インフレ」が止まらなくなったのである。

「借金はなくならない」のである。「政府の借金は中央銀行が全部買い取るから、どれだけお金を借りて通貨を発行しても平気だ」などと誰が言っているのか。

「預金封鎖」と「ハイパーインフレ」と「財産税」で、国の借金を「返す」のである。77年前、実際に日本政府が強行した。覚えている日本国民はもういない。だから「MMT理論」（モダン・マネタリー・セオリー）は破綻するのである。

債」を、少しずつ手放している。

「金」（ゴールド）は、世界の「共通通貨」である。どこの国に持って行っても価値が変わらない。紙切れにならない実物資産である。

1キロバーは、現在、ニューヨークの世界共通の市場価格で、1オンス（31・1グラム）1959ドルである（2023年3月31日時点）。日本円に換算すると、1キロ約835万円である。日本国内の貴金属店で買うと、これに手数料と消費税が10パーセント上乗せされて、1キロのゴールドバーは、約925万円になる。

将来、このゴールドバーを売却して、現金化していくときに、1キロ分もの金をまとめて、売ってしまうのはもったいない。そういう考え方がある。金（ゴールド）は、まだまだ値上がりする。現金（ペーパーマネー）にするのではなく実物資産（タンジブル・アセット）の金のままで、少しでも長く取っておきたい。

そういうときには、100グラムバーに分けて保有しておくのがいい。たとえば将来、金（ゴールド）の価格が2倍になると、1キロは、およそ1700万円になる。それを一気に、一度で売ってしまうよりも、100グラムバーを1本170万円ずつ売ればいい。さらに残りは、そのまま金の形で保全しておく、というやり方ができるのである。

将来、1キロ分の金（ゴールドバー）を、まとめて、売って現金化してしまうのはもったいない。金価格は2倍になる。100グラムバー10本で保有しておくのがいい。

100グラムバーを1本ずつ小分けで売れば、170万円ずつ現金にできる。残りは金のまま保全を続けられる。

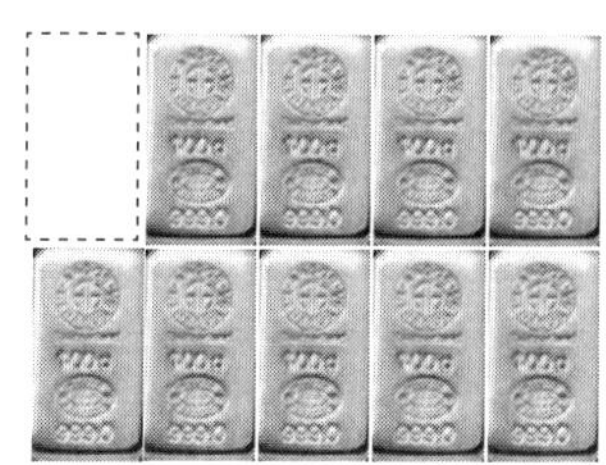

1キロバーをまるごと売ると、金の値段が2倍になったら、およそ1700万円が一気に現金化されてしまう。

金（ゴールド）は、まだまだ値上がりする。だから、急いで現金（ペーパーマネー）にしてしまうのではなく「実物資産」の金のままで、少しでも長く保有し続けたい。
そういうときには、大きな1キロのバーではなく、小ぶりの100グラムバーで10本に分けて保有しておくのがいい。たとえば将来、金（ゴールド）の価格が2倍になると、1キロはおよそ1700万円になる。それを一気に、一度で売ってしまうより、100グラムバーを1本170万円ずつ売ることができる。残りは、そのまま金の形で保全しておく、というやり方ができる。

やがて国内で金を売っても、もう消費税は戻らない。逆に消費税を取られる！

昨年、2022年の11月から、日本で金を購入する際の規制が、また一段、厳しくなった。日本国内の貴金属店は、100万円を超える金地金（ゴールドバー）を、もう店頭では「現金」で売ってくれなくなった。防犯のためとか、セキュリティ上の理由だという。

それではどうするのかというと、金を買う代金の支払いはすべて、「銀行振込」でお願いします、ということになった。

どんなに高価な物だって、この日本で、「現金」で買えないものなどあっていいのか。しかも、たった100万円である。すべて口座振り込みで支払いをしろということだ。「金地金」の取り引きにはもう「現金」は使うな、と命令したに等しい。

国家というのは、ここまで、国民の自由な市場の売り買い、通貨取引をねじ曲げる。勝手な理屈で規制を作り一方的に押し付ける。政府とは、このように強行ができる権力組織である。

しかし、それでもまだ、「大黒屋」とか「おたから屋」のような、高価品の買い取りを専門とする「質屋」（バッタ屋）がある。こうした買取り業者は、「現金払い」でまだ金地金を買い取ってくれる。

彼らは古物商（リサイクル業）であって、貴金属専門の取り扱い業者ではない。しかし、だから当然、買いたたかれる。あなたは、負けずに、しっかりと交渉することが大事だ。

それから、いまでも御徒町や上野にある貴金属店では、現金で金地金を販売してくれる店がある。いまでも匿名で金地金を販売してくれる。古くからの貴金属店がいくつもある。スイスの金地金の鋳造業者とのネットワークから、直接、分けてもらえるようだ。だから、まだゴールドバーの在庫はある。

しかしそれでも、１回あたりに売ってくれるのは、せいぜい１００グラムバーを７、８本程度である。５キロも10キロも売ってはくれない。

このようにひっそりとやっている昔気質の貴金属商から、輸入物のゴールドバーやコインを買い貯めておく。将来、売るときには、香港やシンガポールへ持ち出して外国で売ればいい。こういうやり方もある。

これからは、日本国内の金の売り買いはもっと大変になる。いずれは、日本の貴金属店で金を売却しても、「消費税」は戻って来なくなるだろう。

なぜなら「消費税」はこれから、15パーセント、20パーセントへと上がっていく。

将来、日本国内の貴金属店で金地金を売ろうとしても、もとの消費税の10パーセント分に、増税された15パーセントの消費税を上乗せして買い取ってくれるか。というと、かなり怪しい。

そもそも、海外の貴金属業者たちは、世界共通の金価格であるニューヨークの商品取引所（COMEX）の市場価格である、1オンス（31・1グラム）を基準にして、金の売買価格を決めている。だから、香港やシンガポールなど外国で金を買うときは、日本で10パーセントの消費税込みの値段よりも、割安で購入できる。

一方、日本国内で金を買うときには、消費税を取られる。将来、同じ日本の貴金属店でまた売却すれば、「金は消費しないから」という理由で消費税は戻ってくる。消費税分を上乗せして買い取ってもらえる。いまのところ、そういうシステムになっている。

しかしこれから、「消費税」は引き上げられる。消費税を1パーセント上げるだけで、一気に2～3兆円の税収が増える。日本政府はずっと税収が不足している。毎年毎年、財政赤字をどんどん積み上げている。

消費税は、実質的にあらゆるものの「値段」、つまり「購入するときの価格」（税込み価格）を引き上げる。そうでなくてもインフレで物価はじわじわ上がっている。だから、庶民の生活を苦しめながら、最もイージーに効率的に税収を増やせる税目なのである。

将来、消費税が20パーセントに増税されたら、あなたが消費税10パーセントを払って購入したゴールドバーを、日本の貴金属店が増えた消費税の「＋10パーセント」分まで上乗せして、20パーセントの消費税込みの価格で、買い取ってくれるだろうか。「購入時に預かっていない10パーセント分は、お支払いできません」という理屈になる。

だから、買取り価格に「消費税」を上乗せする今の金買い取りの制度は、いずれ停止になる。あるいは、金（ゴールド）を売却したときに、金を販売した「売上げ」と見なされるようになる。だから、「消費税の返納」まで要求される、ということが考えられる。

さらに、恐ろしいことに、これからは、金の売買そのものが、政府の命令で停止されるかもしれない。「日本国民は、金を保有してはいけない」とまで言い始めるだろう。

1933年から1974年までのアメリカが、本当にそうであった。アメリカ政府が、「1オンス（31・1グラム）＝20・67ドル」というボロ安の買い値で、米国民から一斉に金を買い上げた。義務であった。ドルという紙のお札と引き換えに、アメリカ国民が大切に貯め込んでいた金地金や金貨、金証券（ペーパーゴールド）まで、強制的に取り上げた。「没収」である。その後40年間も、アメリカ人はいっさい金の保有や売買が認められなかった。

この時の公の理由は、1929年の「世界恐慌」によって引き起こされた金融不安の鎮静化であった。これがルーズベルト政権の「ニューディール政策」という統制経済政策である。さらに「戦時法令」（Wartime Statute）として、国民の財産を拠出させたのである。

アメリカだって、自国民に対してここまでやった。だから戦争は恐ろしいのである。しかし実際は、ナチスから逃れてきた大量のユダヤ人たちが持ち込んだ金（きん）を、政府が収奪（しゅうだつ）するためであったと言われている。戦後に、米ドルを世界の支配的な「基軸通貨」にするために、金地金（ゴールド）を米ドル紙幣に裏付けて、担保とするためであった。

だから、日本でも、「金の売買停止」は起こりうる。その手始めとして、金（ゴールド）の取引き制限をするだろう。

日本中の中小企業は、毎年の確定申告のときに、消費税の「代理納税」の支払いで、大変苦しんでいる。事業が上手くいかず、経営が赤字で「利益」が出ていない。だから、納税できる「現金（キャッシュ）」が手元にない。それなのに、申告する「利益」ではなく「売上げ」の数字のほうを見るのだ。その売り上げ額から算出して、「消費税」の分は返納（代納）しろと言われる。

赤字に苦しむ企業は、手元に「現金」収入がない。これが「キャッシュフロー」だ。それなのに、おかまいなしで、無理やり「税金」をどこからでも工面して借金してでも〝返納〟しろと迫る。激しい取り立てにあう。しまいには、数ヶ月先の会社の「売り掛け」債権にまで手を出す。税務署員は、経営者の同意も得ずに、勝手に差し押さえるという。このような違法な税金取り立て行為を、繰り返してきた。

中小企業の経営者は、この消費税の返納を支払いきれなくて、税務署員にひどい取り立て

「消費税」の代理納付（返納）制度で、たくさんの経営者たちが自殺した。支払いきれなくて、税務署員からひどい取り立ての暴挙やいじめなど「パワハラ」を受けた。取り立てのひどさに苦悩したのだ。

『決定版　消費税のカラクリ』（斎藤貴男著、ちくま文庫、2019年6月刊）

斎藤貴男氏

この問題は、いまでは日本のメディアも取り上げなくなった。いまでも大きな、日本の税制の欠陥であり、大きな問題である。13年も前からこの問題に真正面から取り組み、『消費税のカラクリ』（講談社現代新書、初版2010年）を書いたのが、独立ジャーナリストの斎藤貴男氏である。最近の消費税の動向を追記した、『決定版　消費税のカラクリ』（斎藤貴男著、ちくま文庫、2019年6月刊）を、皆で買って読むべきだ。

の暴挙やいじめ、プレッシャーをかけられた。いわゆる「パワハラ」をされた。取り立てのひどい手口を苦にして、自殺した経営者もたくさん出た。

この問題にもう13年も前から真摯（しんし）に取り組み、『消費税のカラクリ』（講談社現代新書、初版２０１０年）という著作を書いて、話題を集めたのが、独立ジャーナリストの斎藤貴男氏である。もう10年以上も前のことだ。

その後、改訂版として２０１９年に、その時点で最新の消費税についての動向も追記して再出版された。『決定版　消費税のカラクリ』（斎藤貴男著、ちくま文庫、２０１９年刊）である。私たち日本国民は、いまからでもこの本をみんなで買ってしっかりと読むべきだ。

将来、外国で金地金を売ることを考えるべきである。日本で買い貯めていた金地金（ゴールドバー、コイン）は、カバンに詰めて、香港へ売りに行けばいい。外国の高級品専用の貸金庫に預けてもいい。ほんの4時間半、飛行機に乗るだけだ。

個人の所有物である。自分の持ち物だ。危険物ではない。持ち込みは禁止されていない。手持ちカバンに入れて、飛行機の機内に持ち込めばいい。違法行為でも何でもない。パソコンだって、バッテリーだって、現金だって同じである。飛行機への持ち込みが禁止されているのは、１００㎖以上の液体と、刃物やライター、火薬、武器などの危険物、麻薬やその他の違法薬物である。それ以外は、すべて自分の所持品だ。堂々と持ち運べばいいのである。

銀行の貸金庫は利用しない。民間の貸金庫を利用するときの注意点

民間の金庫会社を利用するときは、その会社のバックグラウンドの確認が、ひとつのポイントになる。政府にどのような登録や業者認定を受けているかも重要である。

貴金属店が自前で預かってくれるのか、古物商や質屋、リサイクルショップの系列か、警備会社がやっている倉庫やレンタルスペースなのか、運送会社の傘下の倉庫業者なのか、金融業関連の会社なのか、などである。

そして、日本政府のどの省庁の管轄のもとで営業をしているのかも、重要である。できれば物流関係の三井や三菱などの倉庫業者の系列で、高価品専用の貸倉庫が良い。こうした業者は、国土交通省の管轄である。

貴金属店が、少しずつあなたの金地金を積み立ててくれていることになっている「金積立て」は、やめたほうがいい。金地金を実物の形で、自分の手元でしっかりと受け取るべきだ。

貴金属店に預けておいたら、実物資産の意味がない。いざというときに、金地金（ゴールドバーやコイン）そのものを、自分で持ち運ぶのである。外国にでもどこでも持ち出して、売却できるような体制づくりが必要である。ドバイやスイスには、実物の金の中継取引所が

必ずある。

それから、その貸金庫・倉庫会社そのもののセキュリティの仕組みが、本当に信頼できるかどうかも重要である。

私の客で長年、「資産ストーカー」被害を受けていた人がいた。自宅に置いていたあらゆる物が、いつの間にか少しずつ無くなっていくという奇妙な被害を、何年間にもわたって受け続けた。こういう被害の場合、警察に届けても捕まらない場合が多い。

それで、貴重品や高価品を自宅に置いておくのが怖いからと、民間の貸金庫・倉庫業者を使った。何と今度は、その金庫への入室用カードキーを盗まれて、そのまま倉庫に入り込まれてしまった。こうして預けていた物まで持ち出されてしまった。こういう恐ろしい経験をしている。

私が、前著で紹介した東京の天王洲（てんのうず）アイルにある寺田倉庫は、カードキーそのものを預かってくれる。本人かどうか分かる身分証明書を、貸金庫のある建物の入り口で提示させられる。あるいは、指紋認証などを受けなければ、決して、金庫内には入れてもらえないシステムになっている。これは、海外の高級品専用の貸金庫では共通の仕組みだ。

さらに、金庫や倉庫の入り口までは、その倉庫のコンシェルジュが必ず同行する。利用客だけが、一人で勝手に倉庫内を歩き回ることはできない体制になっている。

また、税務署に対する秘匿性(ひとくせい)については、たとえ税務署員が問い合わせをしてきても、「捜査令状」などを携(たずさ)えてこない限りは、「個人情報保護」のために戦ってくれる。顧客のプライバシーを、何より最優先するという態度である。決して、本人に確認も取らずに、勝手に開示することはない。寺田倉庫の人は、そう言っていた。

ただし、税務署員と貸金庫の利用者が一緒に来て、倉庫内に税務調査員が一緒に入る、ということはある。本人がいるのだから、どうしようもない。

本当は、「プライバシーを侵害されない権利」というのは、世界中すべての個人に共通の「個人の権利（Individual(インディヴィデュアル) Rights(ライツ)）」である。人類共通の公正で平等な人権として、ちゃんと提示されている。

日本でも「超監視社会におけるプライバシー権保障」という言葉で、日弁連が定義している（参照「個人が尊重される民主主義社会の実現のため、プライバシー権及び知る権利の保障の充実と情報公開の促進を求める決議」日本弁護士連合会のサイト参照　https://www.nichibenren.or.jp/document/civil_liberties/year/2017/2017_2.html）。

先に書いたとおり、税務署員や調査官が、税務調査を口実に、本人の許可も得ず勝手に、個人の預金残高や銀行の貸金庫の中身まで覗(のぞ)き込んでいる。税務調査の前に、銀行からすべての預金を「名寄せ」して調べ上げている。

これらのことが当たり前のように横行している。

しかしこれは、「越権（えっけん）行為」である。憲法違反の「違法行為」である。民主政国家（デモクラシー・ステイト）の日本で、「個人のプライバシー」を侵害されない個人の権利は、税務署官僚たちによって踏みにじられている。

だから、日本政府が一気に「専制化」「独裁化」「軍国主義化」して、「統制国家」として今の民主憲法をかなぐり捨てることは十分に起こりうる。民意も国民も法律も無視して、超法規（ちょうほうき）の「戦時国家体制」へと転換される。政府の官僚機構や軍部が暴走する事態は起こりうる。

これが「戦争」である。戦争が現実になったときに、日本国内でも起こることである。まさに「緊急事態宣言」のあとに「戦時国家体制」が宣言されるのだ。

「今は日本国家の存続をかけた、われわれ日本の民族（国民）を守るための戦争である。国民全員が政府の軍事体制に参加せよ。これは日本国民全員の義務である。愛国法である」

このように強要される。国民の「身体」と「財産」が国家のものになる。

だから、「預金封鎖」のような政府による国民の金融資産の収奪は、本当に起こり得るのである。

あなたの「資産情報」はすべて、ビッグデータとして国が把握している

これからは、税務調査も「デジタル化（DX）」される。あと5年くらいで実現されるだろう。だから、今、日本中の税務署は、最後の人力の税務調査を一斉に行なっている。最後だから獰猛である。

だから、日本国内から外国へ「逃がせ、隠せ」なのである。そして、海外で「実物資産」へと、急いで換えてしまうべきである。

「税務調査と徴税のデジタル化」が始まるのは、2023年、すなわち今年からである。だから、その前までに、あなたの資産を「現金、預金、株式、債券、投資信託、保険、年金」などの「金融資産」から、「実物資産」にして、その半分を外国でしっかりと保全する準備を始めるべきである。実質資産とは、金地金（ゴールドバー）や高級美術品、価値の高い絵画、高級ワイン、高級宝飾品、価値が下がらない高級輸入車、ヴィンテージ・カー、高級時計、それから、自分の事業に関係する長期保存がきく資材や原材料などの「在庫ストック」である。

昨年から盛んに「インヴォイス制度」と「決済のデジタル化」が提唱されるようになった。

これらのビッグデータ収集によって、この荒々しい「税務調査」そのものが必要なくなる。そう言われている。税理士のあいだでそのように噂（うわさ）になっている。これは事実である。「マイナンバーカード」と「インヴォイス制度」と、それから「デジタル円」（中央銀行デジタル通貨）の3つで、個人や企業のあらゆる取引や支払い・決済が、すべて「ビッグデータ」として財務省や日銀に積み上がっていく。

「お札」まで、デジタル化される計画があるのだ。日本円の通貨がすべて「デジタル円」になる。紙のお金、現金が廃止される。すべての通貨が「デジタル円」というCBDC（セントラルバンク・デジタル・カレンシー、中央銀行デジタル通貨）になる日が、もうすぐやってくる。私たち国民は全員、自分のスマホに「日銀アプリ」をダウンロードさせられる。そのアプリのなかに、電子通貨として「デジタル円」がチャリン、チャリンと貯（た）まっていく。

現金そのものがなくなるから、あなたのすべての収入、給料、配当、運用利益などいっさいが、手元にあるスマホの日銀アプリに振り込まれて来る。すべての「収入」が、あなたのスマホの上にある「日銀アプリ」に集まる。スマホ上に預金されるのである。支払いも、振り込みもすべて「日銀アプリ」でできる。すなわち、銀行がいらなくなる。

これらのデジタル通貨によって、私たち国民のすべての支払いや売り買いなどお金のやり取りが、1円単位まで正確に記録される。毎日、毎時、毎分、毎秒ごとに、ビッグデータと

いくら「税務調査のDX化」だとか「徴税のデジタル化」という口実で、「インボイス制度」や「マイナンバーカード」を導入しても、それは「憲法違反」である。

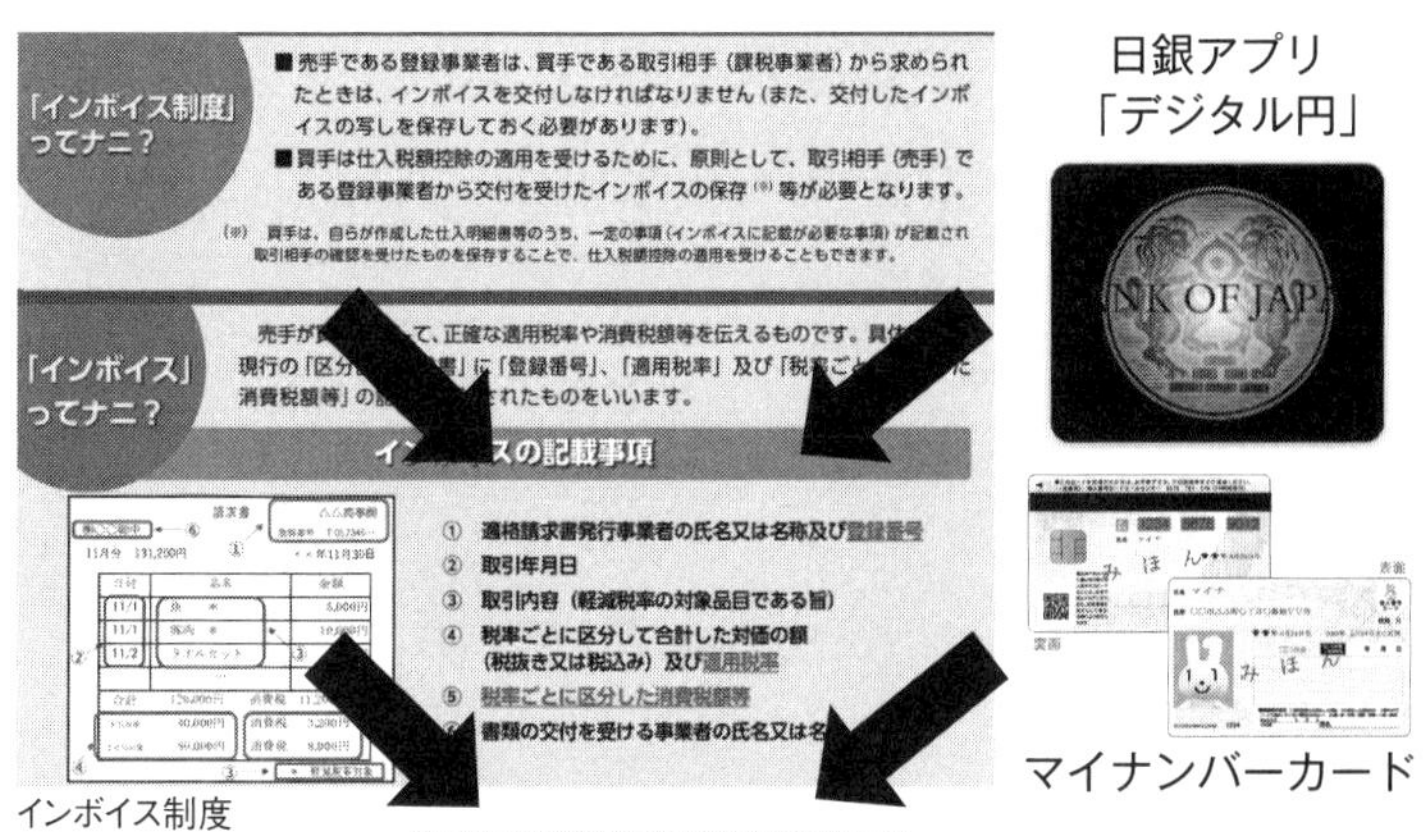

日銀アプリ「デジタル円」

マイナンバーカード

インボイス制度

ビッグデータ

財務省庁舎

日銀本店

「デジタル円」が普及すると、私たち国民１人１人のプライバシーが、不当に盗み出されるようになる。どこで何を買って、誰にいくら支払ったか、すべて「ビッグデータ」として集まる。情報はデジタル通貨（CBDC）を発行する「日銀」と「財務省（税務当局）」に集積。しかしこれは、個人情報の違法な取扱いに当たる深刻な「憲法違反」の行為だ。

して政府のスーパーコンピューターのなかに、着々と蓄積されていく。

だから、そのビッグデータのなかから、ＡＩ（人工知能）が自動的に、税金の不払いや不正取引を探し出してくれるようになる。だからもう「手荒な」税務調査はいらなくなる。

しかしそのために、国民の資産情報からあらゆる商取引、金融取引、個人の金銭のやり取りまですべての取引情報を収集した「ビッグデータ」が必要になる。この膨大な情報を常に集め続けることが、最優先になるのである。

だから、財務省は「現金」を廃止するつもりなのだ。廃止された紙幣はすべて、あなたのスマホにある「日銀アプリ」の中で「デジタル円」へと変わる。国民の資産はすべて日銀（政府）と紐づけになる。

「デジタル円」が普及すると、私たち国民１人１人のプライバシーが、不当に盗み出されるようになる。どこで何を買って、誰にいくら支払ったか、すべて「ビッグデータ」として集まる。情報は、デジタル円（デジタル通貨ＣＢＤＣ）を発行する「日銀」と「財務省（税務当局）」に集積される。しかしこれは、個人情報の違法な取扱いに当たる、深刻な「憲法違反」の行為である。

「マイナンバーカード」の目的も、国民の資産情報から所得情報までをすべて一元管理するために、国民全員に持たせるのである。これが「徴税のデジタル化」である。

国家が狙っているのは、旧札の現金でため込まれた、100兆円とみられる「タンス預金」だ。2024年10月の「新札切替え」のときに、「財産税」(新札切替え料)を課して取り上げる。

現在の紙幣

新札(徐々に廃止になる)

日銀アプリ

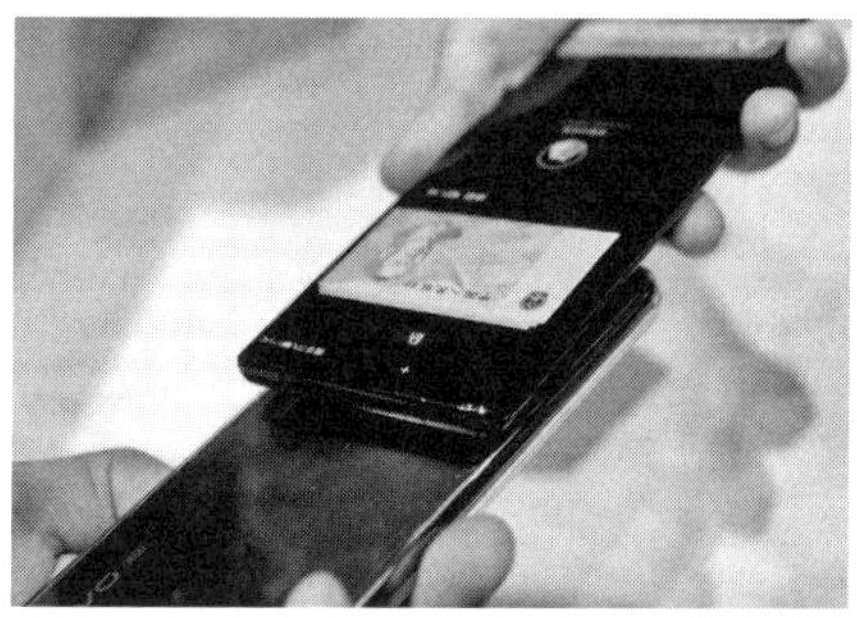

すべての「収入」が、スマホ上の「日銀アプリ」に集まり、スマホ上で預金される。支払いも、振り込みもすべて「日銀アプリ」でできる。すなわち、銀行がいらなくなる。

本当は、財務相は「現金」を廃止するつもりだ。廃止された紙幣はすべて、皆さんのスマホにある「日銀アプリ」のなかで、「デジタル円」へと変わる。国民の資産はすべて日銀(政府)と紐づけになり、あらゆる支払いも、取引決済も、資金のやり取りも、お金の流れはすべてガラス張りになる。

しかし、恐ろしいことに、実は目的はそれだけではない。戦争が始まったときに、「食料配給」をするために、「マイナンバーカード」が使われるのである。

戦争や災害、パンデミック、金融危機などのあらゆる緊急事態で、食料供給の寸断、燃料不足、日用品の品切れが起きる。そのときに「マイナンバーカード」があれば、効率的に人々を識別できる。国民にできるかぎり公平に、食料と燃料と生活必需品を配給することができる。「マイナンバーカード」が、そのまま「食料配給カード」になる。

いまの日本政府は、こうしてどんどん「戦時経済体制」へ移行するための準備を着々と進めているのである。

しかしこれは、国民の権利を政府が侵害するという、深刻な憲法違反の行為である。この事実を、しっかりと取り上げて、表に出して、議論をする必要がある。

この問題を、はっきりと書いて主張している人がいる。田中晶国（まさくに）氏という京都大学法学部の教授で弁護士である。現在進められている「徴税のデジタル化」の違法性について、緻密な議論を展開している。

現在、マイナンバー・法人番号をマスターキーとしてAI・ビッグデータによる（税務調査をする）対象者選定のプロファイリング（情報を収集してファイルにまとめて、一元管理すること）が進んでいる。

これは一見すると対象者に対する接触もなく、税務署内でのコンピューターを用いた評価にすぎないので、何ら対象者に対する権利侵害が存在しないようにみえるかもしれない。しかしながら、憲法学の見地からすると、このようなプロファイリングには、深刻な憲法問題が潜んでいることが明らかとなっている。

ＡＩプロファイリングを含むデータベース社会の問題は、比喩的に、私生活上の秘密の暴露のような分かりやすい「激痛」ではなく、長期にわたって持続する、鈍く重苦しい痛み、「鈍痛」であると表現されることがある。

データベース社会では、自らに関する情報がどのような流通をしているのか「基本的に不可視で、具体的に捕捉でき」ず、その不確実性が我々の行動に影響を及ぼす。

（田中晶国「純粋な任意（税務）調査の現状と課題」『法制研究』87巻3号、221頁、（）内の注記と傍点は引用者。また改行を施した）

このとおりなのである。つまり、いくら税務調査のＤＸ化だとか、徴税のデジタル化だといって、「インヴォイス制度」や「マイナンバーカード」を導入しても、それは憲法学の見地から「違法」なのである。国民の資産や商取引の情報をいくら収集しても、それは「憲法違反」である。そのデータを集めてビッグデータ化しても、その行為そのものが、国民の「権利」を侵害している。そうはっきりと論破しているのである。

新札切り替え・預金封鎖までの道程

日本は、今の欧米英の先進諸国＝西側陣営が長引かせる「ウクライナ戦争」に、すっかり巻き込まれている。アメリカやヨーロッパと一緒になって、ウクライナへ戦争資金を支援し続けている。日本は、アメリカの言うがままに引きずられて、米国債を買わされ、国民資産の２０００兆円をどこまでも奪い取られてすっからかんになるだろう。いい加減な気持ちで思考停止して、政府や銀行や税理士やマスメディアの言いなりで動いていると、あなたの資産はいつの間にか無くなっている。

銀行預金は、巨大な「資産課税」と「新札切り替え」と緊急事態を口実にした「預金封鎖」で、あれよという間に削りとられていく。

政府は「緊急事態宣言」を根拠に、国民の生活や市場の混乱を避けるために、国内すべての銀行の緊急営業停止、「バンクホリデー」を宣言する。実質、口座預金の引き出しが不可能になる。これが、これから起こる、現代版の「預金封鎖」である。先にも書いた。

新札切り替えは、これまでも何度もあった。しかし、聖徳太子の1万円札など古い紙幣でも、今でも新札に替えてもらえる。手数料も取られない。銀行へ持って行けばタダで替えてくれる。それならば、今回も同じでは？という考え方は、正しいのか。

数万円程度の紙幣ならばそれでいい。しかしあなたは、一体どれくらいの額を現金でタンス預金してあるのか。国民のタンス預金は100兆円あると言われる。

あなたは、今度の渋沢栄一の新1万円札が発行されたとき、福沢諭吉の旧札をもって、近くの銀行の支店に交換をしに行くだろう。しかし今回だけは、銀行の行員が、「新札と取り替える際に、交換手数料がかかりますけど、よろしいでしょうか」と、ツラっとした顔で言うようになる。

「金融統制」「経済統制」が始まっているのだ。戦時経済体制である。世界大恐慌が起きる。そのための統制経済なのである。「これまでとは違う。This time is different.」のである。

つまり、「新札（新円）切り替え」が実施されたときには、しばらく何年かはそのまま使えるはずだとか、銀行の窓口で替えてもらえばいいと、これまでのように気楽に考えていると大変な目に遭う。

日本国内の銀行から現金を引き出すときに注意するべきこと

銀行から預金を引き出すのは、平日の早朝がいい。3月や9月などの繁忙期は避ける。それから、普段は取引しない、知らない支店で下ろすことである。

現金の引き出しは、平日朝の早い時間に、サッと済ませるべきである。1回に下ろす金額は、多くても400〜500万円がいいところだ。銀行にも現金の用意がある。

それから、銀行にも資金の確保が必要な時期がある。毎四半期末の時期は、必死に預金をかき集めている、あまり大金を引き出すべきではない。銀行に必死に抵抗される。

それから、ATM機での引き出しでは、通常、1日あたりたったの50万円までしか引き出せない。異常なくらい少額になった。かつては、ATMで500万円くらいまで、引き出すことができた。

実は今でも、自分が取引銀行として使っている支店で依頼をすれば、ATMでの引き出し額を引き上げることができる。一度に200万円まで引き出せるように上限を上げられるのである。仲が良くて信頼関係がある支店長がいる銀行の支店であれば、相談してみるべきである。

そして、ここが一番肝心だが、銀行の窓口は現金でお金を引き出すときに、その「理由」を聞いてくる。

「自分のお金なのだから、どういう理由で引き出して、何に使うかなど、あなたには関係ないことだ」と、失礼な銀行員を叱りつけなければならない。

自分のお金をどこでどのように使うかなど本人の勝手である。いや個人のプライバシーである。「どうして私のそのお金の使い道を、家族でも親戚でも友人ですらない銀行員のあなたに伝えなければならないのか」。この当たり前の感覚がどこまでも正しい。この正常な常識の態度を貫かなければならない。これを「いやそれは、犯罪防止のためだから……」などと国家におかしな洗脳をされて、当たり前に思ってはいけない。銀行からお金を引き出すときに、いちいちお金を引き出す理由を教えろというのは、個人に対する失礼極まりないプライバシーの権利の侵害行為なのである。

ところが、お金を引き出す理由を紙に書けとまで命令される。政府は、民間の銀行員にそれをやらせるからタチが悪い。銀行員たちは「書かなければ、お金はお渡しできません」と、まるで小役人かロボットのように言う。

銀行員たちは、「お国が（政府が）決めた、決まりですから」としか答えない。政府が繰り返す「マネーロンダリングを防止するため」「犯罪収益の移転を防ぐため」という大変に失礼な理由を、繰り返すばかりだ。こちらの言い分など、ガンとして聞かない。

だから、これが「引き出し制限」＝「預金封鎖」そのものなのである。これからもっとエスカレートする。日本は本当に、おかしな「金融統制国家」へと変貌した。

だから、まとまった現金を引き出す理由を聞かれたら、「絵を買うんだ」とか「レアなスポーツカーを買うのよ。輸入車の業者が現金しかダメというから」と言えばいい。

ハッキリ書くが、いまの日本の銀行は日本政府の金融庁のスパイそのものである。「個人情報保護」というコトバが聞いてあきれる。銀行員は、顧客のすべての情報を聞き出して、収集している。そのすべてを金融庁に差し出すように命令されている。個人の預金残高や、資金の出入りのこまごまとしたあらゆる動きや、外国への送金や海外からの入金まで、すべてである。

さらに、その口座の保有者が高齢の客である場合、万が一のときのためにしっかりと相続財産の管理をなどと言いながら、なんと、家族とのプライベートな会話や電話でのやり取りまで、銀行員はこまごまとしっかりメモを取って保管している。恐ろしい。本当に日本の銀行員は、国家のスパイなのだ。

そして極めつけは、銀行の窓口でお金を下ろそうとすると、「マネーロンダリング」の疑いがある、と真顔で言われることである。本当に、失礼どころではない。この言葉の使い方は間違っている。まっとうに稼いだきれいなお金を「マネーロンダリング」（汚れた犯罪がらみの資金を洗浄して、表で使えるようにする）することはできない。当たり前だ。

「マネーロンダリングとは、犯罪によって得た収益を、その出所や、本当の所有者が分からないようにして、捜査機関等による収益の発見や検挙等を、逃れようとする行為を言う」（警察庁のサイトより）と、はっきり書いてある。

私たちが、一生懸命働いてまっとうにやり遂げた事業で、まじめに稼いだお金である。その上、たっぷりと税金も払い終わったあとの残りの資産だ。それが銀行に預けられている。このお金は、所得税やら住民税やら、社会保険料やら復興税から介護保険料まで、もろもろを政府の税務当局から十分に吸い上げられて、半分近くに減ってしまったあとの純粋にキレいなお金である。犯罪とは関係のない当たり前の収入である。この残高に対して「マネーロンダリング」という言葉は使えない。銀行員の皆さん、分かりますか。

政府が懸命に推奨(すいしょう)するニーサ（NISA）に騙されるな

「リーマン・ショック」からもう15年目になった。もう当時のような、ギラギラした感じの「一発儲けよう」という投資話は、すっかり影をひそめている。3年近く行動を制限された

「コロナ危機」と、その収束にタイミングを合わせて始まった「ウクライナ戦争」、それに続く急なインフレーションや金融政策の引き締めで、日本の金融業界はずっと押し黙ったままである。

日本人の資産家たちもすっかり委縮している。だからといって、対策の方法も分からない。戦争や金融危機が起きる恐怖と、将来がますます悪くなるという不安ばかりで思考停止状態になっている。

だから、日経新聞や、国内の経済・金融誌の金融特集でも、「ＮＩＳＡ（ニーサ）とＩＤＥＣＯ（イデコ）で将来に備えよう」「毎日、節約をして浮いたお金を、堅実にニーサで積立てよう」という記事ばかりになった。

コロナが終わっても、こんどは「核戦争」と「経済恐慌」の恐怖の中で、毎日不安でしょうがない資産家の老人層と、若い富裕層がたくさんいる。この本を読んでいる、あなたもそうだろう。そうやって、日本の中流資産家（Millionaires Next Door「ご近所のお金持ち」。資産額1億前後～数十億円）たちは、何もできずにじっと現金預金を握りしめて、全国に数百万人いる。

彼ら資産家層は、本当に今でも「富裕層さま専任の担当です」と謳（うた）う証券会社や銀行員からの勧誘や、得体の知れない投資アドバイザーたちを信用して、その話に乗せられてお金を出し続けている。

小金持ち高齢者層に対しては、日本の銀行と証券会社は、「仕組み債」のような実際は「ハイリスク・ノーリターン」と揶揄されるような恐ろしい金融商品まで平気で売りつける。「これで、年金を増やせますよ」という営業で買わせている。銀行は、誠実な顔で不安を煽って、どんどんこうした投資商品を売り込む。

しかし、先に書いたとおり、今はもう、すべてデジタル化で、銀行の支店もこれまでの形の証券会社もいらない。どんどん必要がなくなっている。すべてデジタル化（DX）である。インターネット・バンキングやアプリで、銀行の窓口業務がいらなくなっている。だから、街角の銀行支店が、どんどん消えている。証券会社も、いつの間にか消えている。

日本の企業も、このコロナとウクライナ戦争と超インフレのトリプルパンチの不景気で、ますます銀行からお金を借りなくなった。だから銀行は、商売あがったりである。

だから日本の銀行は、「日銀当座預金」からの金利で食いつないできた。しかし、日銀も超低金利のままでいっこうに利上げをしない。これまでの生き残り戦略さえも厳しい。それで、「ニーサから仕組み債まで」あらゆる金融商品を売って、その手数料を稼ぐしかなくなっている。

しまいには、まだ米国債のほうが金利が付くからという理由で、米国債を銀行が保有して、その金利収入で食いつないでいる。

しかし今度は、アメリカの中央銀行であるＦＲＢ（米連邦準備制度）がＱＴ（量的引き締め）を始めた。急激すぎる利上げである。すると、金利は増えるが、米国債の元本の価額のほうが急落してしまった。

金利が上昇すると、反比例して債券そのものの価格が下落する。だから、米国債やアメリカのさまざまな債券を抱えるアメリカの銀行は、大きな含み損失が出ている。これが、シリコンバレーバンクとシグネチャーバンクが破綻した原因だ。昨年（２０２２年）は、アメリカの利上げで米ドルの為替レートがどんどん上がって、一瞬、１ドル＝１５０円までなった。だから、まだ日本円での評価額は良かった。

しかし、米ドルはまた元の１ドル＝１１０円台に戻る。これからが恐ろしい。

銀行も証券会社も、保険会社も、最後に残った生き残りの戦術が、富裕層の顧客めがけて、あらゆる金融商品を大量に売りつけることだ。これで、販売手数料を稼ぐ。だから、ハイリスク・ノーリターンと呼ばれる「仕組債」のような金融商品でも、銀行側の受け取る手数料が高ければ、平気で買わせる。

さらには、厚切りジェイソンのような、お笑い出身のアメリカ人タレント（外タレ）を使う。まさに「ニーサ」と「イデコ」で「積み立てながらアメリカ株を買えば安心」という伝道を続けさせている。これには一番上に、日本人に「アメリカ株」を買わせたいアメリカ政府がいる。その下に、日本国民に「自己責任」で年金運用をさせたい日本政府がいる。さらにその下で、政府が奨励する「ニーサや投資で年金運用」を請け負う、日本の銀行と証券会社が営業で待ち構えている。その広告塔が厚切りジェイソンである。だから、厚切りジェイソンの本は、いつまでも全国の書店の金融コーナーに話題の書として並び続ける。

日本の岸田首相は、昨年、2022年9月22日に、ウクライナ戦争のための国連総会でアメリカを訪れた。このときに、岸田首相はニューヨークの証券取引所にも呼ばれて、演説をさせられている。

そこで、「日本国民の個人資産2000兆円を、アメリカ株にどんどん投資させます。ニーサ（NISA）の利用を恒久化させて……」という演説をしている（参照「岸田首相がNY証取で演説、『確信もって日本に投資を』為替介入にも言及」ロイター、2022年9月23日。https://jp.reuters.com/article/japan-kishida-nyse-forex-idJPKBN2QN218）。

このとき、FRB（米中銀、連邦準備制度）が9月21日に実施した、アメリカの追加の0・75パーセントの利上げで米ドルが急騰（きゅうとう）していた。日本円が超円安で「1ドル＝145円」まで急落していた。

このドル高・円安を和（やわ）らげるために、岸田首相は「ドル売り介入をやらせてください」と、ニューヨークの現地でアメリカの財務省に、直に懇願した。

日本政府が初めて「円買い」つまり「ドル売り」の為替介入を決行したのは、この2022年の9月21日であった。

この時、ヘッジファンドなどの投機筋が「円安」に賭けて、激しいレバレッジで円の売り崩しを仕掛けていた。だから、この獰猛なニューヨークの金融投機筋に対抗し、振り払う必要もあった。

これ以上の日本円の下落は防がなければならない、という日銀の黒田東彦総裁の決断があったのである。

「ウクライナ戦争」が始まったのと同じ、昨年の2月から、米ドルは急上昇を始めた。それに反比例して超円安が始まっていた。それでも半年以上、日本政府と日銀は何もせずに様子を見ていた。

昨年の6月くらいから、「日本政府の『為替介入』は、絶対に、アメリカ政治の同意（承諾）がなければできない。日本側だけの判断で、勝手に、『ドルを売って』＝『円を買う』という、米ドルを売り崩すような為替操作を、やることはない」と、もとの大蔵官僚で「ミスター円」で知られる榊原英資（1941〜　）が、雑誌やテレビのインタビューにたくさん出て、ワザとらしく触れ回っていた。

この為替介入の2日前、2022年の9月20日には、岸田首相は国連総会で「ロシア非難」の演説をしている。その翌日、9月21日にロシアのプーチン大統領がこれに対抗するように、核ミサイルの使用を示唆する演説をした。そして同じ21日に、アメリカのFRB（連邦準備制度理事会）が、5回目の0・75％の大きな利上げを発表。さらに同じ21日に、日本政府が「円買い＝ドル売り」の為替介入をしている。

そしてその翌日の9月22日（日本の23日）に、岸田首相がニューヨーク証券取引所で演説。「円買い、ドル売り介入の釈明」と、「アメリカの株を、日本の個人資産で買い支えます」の演説をさせられているのである。

だから、すべてはシナリオどおりの順番である。為替介入や金利操作は、シナリオどおり実行されているのである。榊原英資の言うとおりだ。あらためて良く分かった。このように隠れた実態が、水面下でどんどん動いている。

それから、「ニーサ」や「イデコ」など政府が勧める「金融商品」は、政府が国民の資産を預けさせて、自動的に効率的に税金を取るための仕組みでもある。これに政府（金融庁）の認可を受けた民間の金融機関が組み込まれて、顧客の資産情報を逐一報告している。完全な漏れのない「徴税」のシステムである。

だから、金融商品など、もう今から買ってはいけない。わざわざ、政府に首（大切な財産）を差し出すようなものだ。運用もろくなものではない。金融機関に手数料だけまんまと抜かれて、目減りして終わるだけである。

ニーサ（ＮＩＳＡ）だイデコ（ｉＤｅＣｏ）だと、ちょっぴりの「減税」を売り物にしても、実際に運用できる内容が偏（かたよ）っていて良くない。アメリカ株と日本株が大部分を占める。あとは欧米先進国の株や債券がほとんどである。アジアやインドや中国などブリックスの新興国への投資は限られている。これから目減りする日米欧の先進国市場へ投資させようとしている。こんなものを、国民年金や企業年金として「政府が推奨（すいしょう）していますからどうぞ安心して、あなたの資産を将来のためにお預けください」と、甘い言葉で誘い続けている。

私ははっきりと書く。「ＮＩＳＡ」（ニーサ）とは、運用が破綻している「国民年金」や「厚生年金」の代わりに、国民に「自己責任」でやらせる個人年金の制度なのである。もう政府は、国民年金や厚生年金の面倒を見ない、と言っているのである。国民は早く、その隠された真実に気が付かなければならない。それから、運用期間中は免税だがいちばん最後に「相続税」で取り上げればいい、という狙（ねら）いもある。そのように、税務当局は計算している。

本当に、国家＝政府というのは恐ろしい詐欺師集団だ。国民の資産をこうして囲い込んでおいて、最後に取り上げる。たとえ、一人一人の国民が年金運用に失敗しても、誰も責任を取らない。そのときは「自己責任です」と言うのである。

NISA（ニーサ）とは、運用が破綻している国民年金や厚生年金の代わりに、国民に「自己責任」でやらせる個人年金だ。もう政府は面倒をみない。そして、国民の資産を預けさせて、最後に「相続税」で税金を取る。

長年積み立てても、株が下落すれば、
資産は減って無くなる！

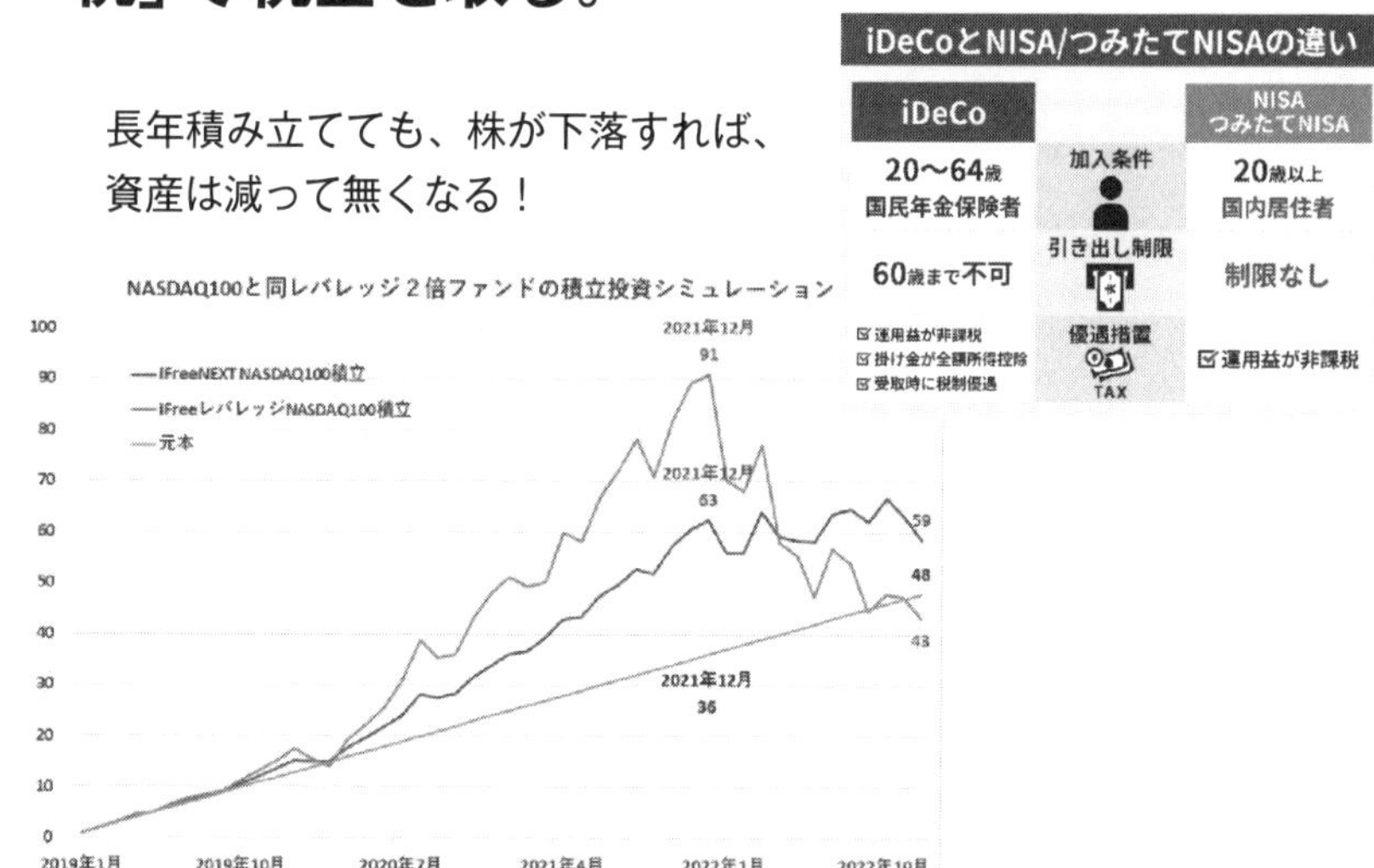

政府は、「国民年金」や「厚生年金」が、資金不足と運用の失敗でもう支払えない。だから、国民に「自己責任」で株で年金を運用させることにした。それを、民間の金融機関が、請け負う。顧客の資産情報も、逐一、政府に報告する。プライバシーも個人情報保護法も完全無視だ。国が勧めるニーサやイデコなどの金融商品は、「非課税」を売りにして何十年間も積み立てさせ、最後に「相続税」で取り上げる。「徴税システム」そのものだ。金融商品など今から買ってはいけない。運用もロクなものではない。政府にクビ（大切な財産）を差し出すようなもの。

「ドルコスト平均法」は本当に有効なのか？

ニーサ（ＮＩＳＡ）やイデコ（ｉＤｅＣｏ）のことを紹介するときに、必ず持ち出されるのが「ドルコスト平均法」である。積立て投資方法のメリットのことである。

「ドルコスト平均法」というのは、投資運用する対象である株価が上がったり下がったりしても、毎月同じ金額分だけ買い続ける。だから、満期が来て振り返ったときに、トータルでは平均した株価で買い付けられていましたね。「高値づかみ」をせずに済みましたね。というだけの方法である。

でも、せっかく株が安くなったときにも、同じ金額分しか買えませんよね、ということになる。積み立て運用を続けると、トータルでは大きな損も得もなく、平穏（平凡）な運用が出来ましたね、というだけの買い方である。

しかし、株式市場が下がり続けるところでこの「ドルコスト平均法」をやり続けても、「平穏な運用」では済まない。積み立ててきた株の「評価額」（時価総額）も、当然一緒に下がり続ける。こうなると、最後には、長年支払い続けた「積立て総額」よりも、積み上がった「株式の総額」のほうがマイナスになった、という結果になる。

当たり前のことだが、ニーサを勧める金融業界の営業マンや評論家やファイナンシャル・アドバイザーなどの専門家たちは、絶対に、このことを言わない。だから、たとえ、ニーサやイデコなどで「ドルコスト平均法」を使って積み立て運用をしても、積み立てた資産総額が目減りしてしまうリスクがある。

だから、積み立て運用をするのであれば、これから上下はあってもとにかく上がり続ける投資対象でやるべきである。つまり、これから成長して市場の時価総額が増え続けるマーケットで、それをやらなければ意味がない。この根本的なところで、どうしても勘違いをさせられている。

「ドルコスト平均法」で決まった金額を買い続けると、「大きく儲からないが、大きく損をすることもない」と勝手に理解されている。そうではない。

たとえば、アメリカ株式市場で積立てで投資をすると、米国市場の株価がこれから急落して行く。市場の価値（時価総額）は縮小していくだろう。アメリカ経済が衰退を始めた今、いくら「ドルコスト平均法」で、毎月、同じ金額ずつ米国株を買い続けても、株価が下がれば積み立てた資産の総額も一緒に減っていくのである。

「貯蓄から投資へ後押し」という記事が、たくさんあふれている。これから株式市場が崩れて、金融危機が勃発するという恐ろしいタイミングである。このような危機が起きる直前になって、政府は国民を投資へいざなうのである。

誰も政府には、反論も文句も言わない。だから私がここで、こうして「警告」を書き残しておく。

●「NISA恒久化、非課税無期限に　貯蓄から投資後押し　与党税制大綱を決定」

自民、公明両党は16日、2023年度与党税制改正大綱を決めた。貯蓄から投資への流れを後押しするため少額投資非課税制度（NISA）を恒久化し、非課税期間も無期限にする。年間の投資枠は倍以上の計360万円に拡大する。（中略）

NISAは投資信託に限ったつみたて型と、国内外の上場株に広く投資できる一般型がある。それぞれ2042年、2023年までの時限措置だったのを2024年1月から恒久化する。非課税の保有期間もそれぞれ20年、5年から無期限にする。

年間投資枠は、つみたて型が新規買い付け額で今の3倍の120万円、一般型は2倍の240万円に増やす。生涯投資枠は買い付け残高で1800万円とし、評価益は含まない。

かねて指摘される税負担の不公平感の是正も進める。現在は所得が1億円を超えると税負担率が下がる「1億円の壁」がある。特に所得が50億円超～100億円の層の所得

財務省は、「消費税を、あと10パーセント上げればいい」「国の借金は、個人資産2000兆円でまかなえる」と、元財務高官で「ミスター円」の榊原英資(さかきばらえいすけ)に言わせた。

2021年度の税収:
「相続税」2.2兆円(3.3%)
「所得税」21.4兆円(31.8%)
「法人税」13.6兆円(20.2%)
「消費税」21.9兆円(32.6%)

●「榊原英資ポスト黒田の『利上げ時代』に備えよ　特集　円安と物価高」文藝春秋digital 2022年5月16日インタビューから

2021年度の税収が67兆379億円で、過去最高だった。どうして「コロナ危機」で経済活動が大停滞し、国民が減収に苦しんで、コロナ給付金まで配ったのに、税収が最大になったのか。誰も疑問の声をあげない。政府は、困窮して疲弊する国民からさらに資産をしぼり取る。

大蔵省時代の榊原英資氏と黒田東彦氏

黒田東彦は、榊原の財務省・国際金融局の後輩である。しかし、黒田が日銀総裁になったとき、榊原の「対米追随派」路線は引き継がなかった。アジア開発銀行（ADB）の総裁も務めた黒田日銀総裁は、愛国主義の「対米自立派」であり「アジア重視派」である。

昨年2022年5月当時、「超円安（超ドル高）」が、いつまで続くのか。どこまで上昇するのか。こうした疑問に答える『文藝春秋』誌のインタビュー記事があった。榊原英資（さかきばらえいすけ、81歳）氏は、上記のようにさらっと語っていた。榊原は「国の借金が1000兆円超えても、2000兆円ある国民資産で相殺すれば、まだ日本は黒字だ」とまで、はっきりと言った。この発言が、日本政府の財務高官、税金官僚たちの「共通認識」である。

税と社会保険料の負担率は17・2%で、300万円超~400万円の17・9%よりも低い。富裕層は株式や土地・建物の売却益など税率が比較的低い所得が多いためだ。

新たに所得30億円超の富裕層に追加負担を求める。所得から3・3億円を引いたうえで22・5%の税率をかける。これが通常税額を上回る場合に差額を徴収する。2025年から適用する。200~300人が対象となる見込みだ。

リスクをとって起業したような富裕層の成長の芽を摘まない制度もあわせてつくる。個人投資家が上場株などを売却してスタートアップに再投資をする場合、売却益を20億円まで非課税とする。

(日本経済新聞、2022年12月17日)

燃料代の値上がり分まで「国債」で補助するのか?

私は、前著『政府が狙う!あなたの個人資産を何があっても守り抜け!!』(秀和システム、2022年1月刊)の第2章、84ページでも書いた。日本の税務官僚たちから見ると、国民の「金融資産」の総額2000兆円が、国内の銀行や証券・保険会社と各種年金に預けられている。

「物の値段」が上がるのは、「お金」の価値が下がっているからである。「物が不足」していることだけが原因ではない。

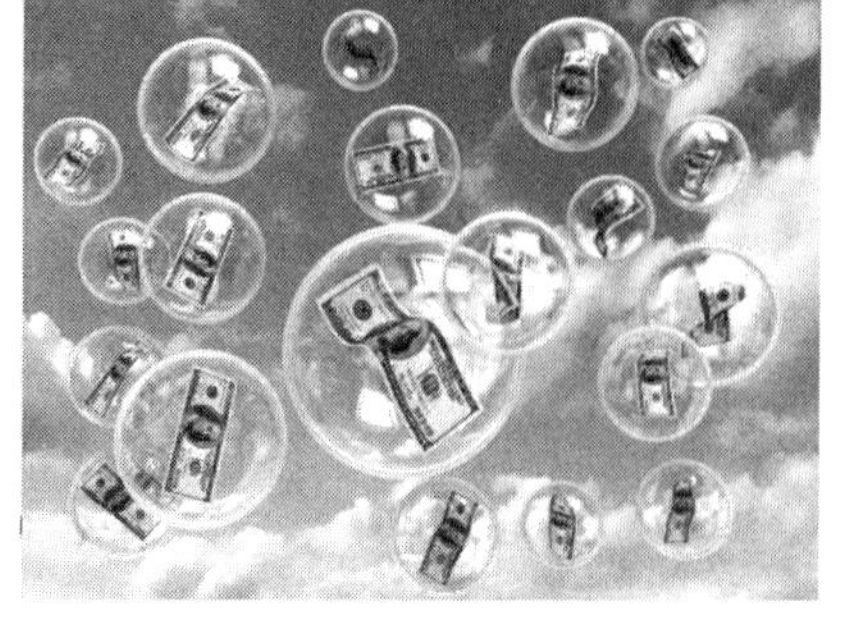

お金がブクブクと泡のようにどんどんふくらんで台所から、洗面所から、風呂おけから、どんどんあふれ出している。お金の量が増えるからそのぶん価値が薄(うす)まる。バブル（あわ）はどこまでもふくらみ続けることはできない。

お金の量がふくらんで増えた分だけ、お金の価値は、反比例して減少する。量が多くなるほど、お金の価値は減ってしまう。「希少価値」が下がるのだ。私たちはありあまってあふれているものに、高い価値を見いださない。

その国民資産が2000兆円ある限りは、日本政府が、1000兆円でも、1500兆円でも、国債を発行して借金を抱えてもまだ担保がある。そう考えている。これが、政府の財務官僚、税金官僚たちの思考回路である。

いざとなれば、国民の「金融資産」で相殺すればいい。国家の借金は、国民の資産で清算できてしまう。だから、国家財政は破綻を免れることができる。

このことを、もと財務官僚でかつて「ミスター円」と呼ばれた榊原英資に、インタビュー記事で語らせていた。榊原は、「国の借金が1000兆円超えても、2000兆円ある国民資産で相殺すれば、まだ日本は黒字だ」とまで、はっきり発言していた。だからやっぱり、この榊原の発言が、日本政府の財務・金融高官たちの共通認識である。

それから、「消費税をあと10パーセント上げればいい」とも、榊原英資に言わせている。消費税を1パーセント上げると2〜3兆円の税収が一気に確保できる。

これから電気料金や石油・ガス代が、さらに値上がりをする。政府が補助金で負担するという。これは、「コロナ給付金」(コロナマネー)をジャブジャブ国民と企業に配ったのと同じやり方である。コロナの次は、生活費(燃料費、光熱費、エネルギー代)の一部を、ジャブジャブと「緩和マネー」で支援する、ということだ。

何度でも書くが、ジャブジャブお金をばらまき続けると、お金の価値が薄まってしまう。

ロシア（サハリン＝樺太）から日本（首都圏）まで天然ガスのパイプラインを引くべきだ。たったの1400キロである。やはり、日本のエネルギー戦略として、そのほうがずっと効率がいい。

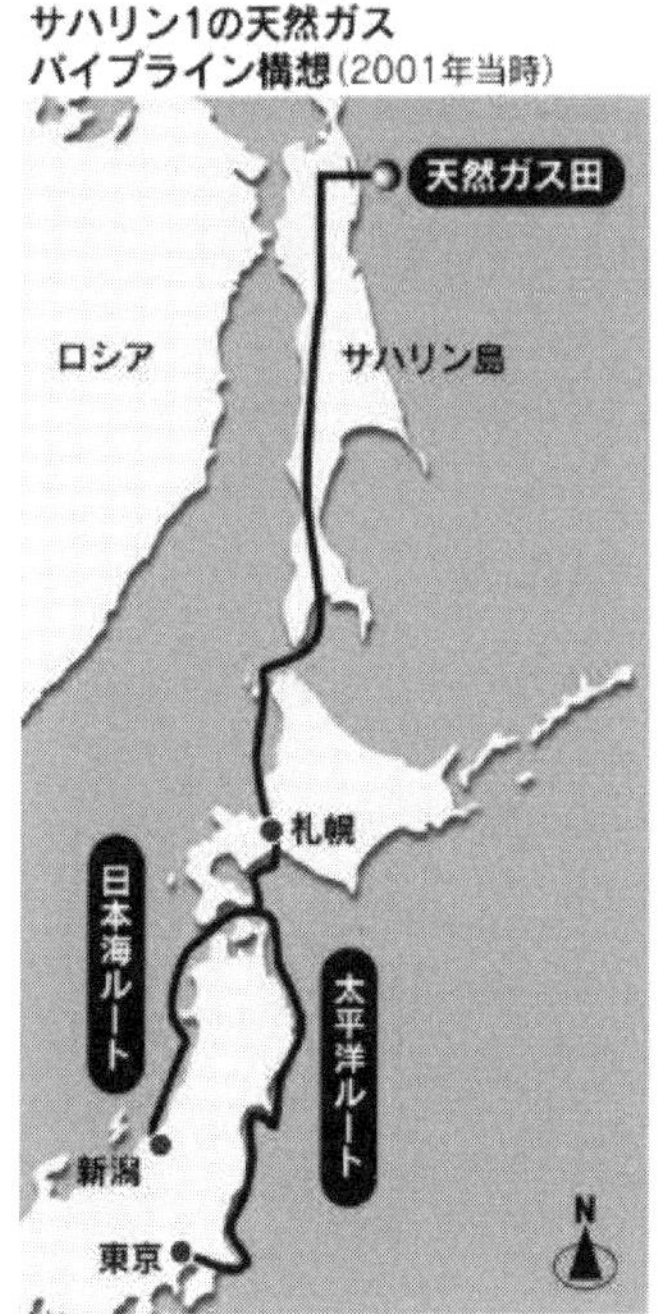

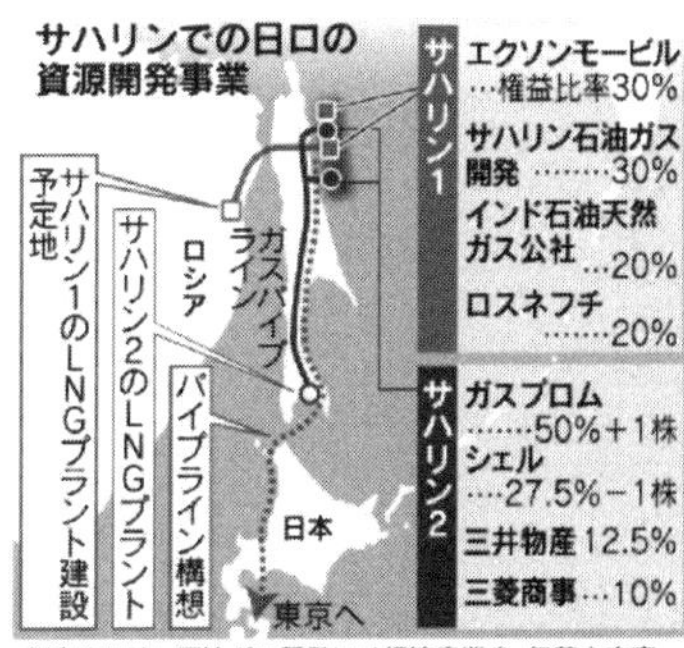

(注)サハリン石油ガス開発には経済産業省、伊藤忠商事、石油資源開発、丸紅、国際石油開発帝石が出資

これは、田中角栄（1918－1993）の時代から受け継がれる、日本の大きなエネルギー戦略である。いまの政治家も官僚も、アメリカが怖くて口に出せない。しかし、日本国民にとっての生命線（ライフライン）であるエネルギーを、アメリカの「石油メジャー」が牛耳る中東からの輸入に頼りきった状態では、日本はアメリカの言いなりだ。

さらに「インフレ」（物価高＝お金の価値の低下）が起きる。たくさん「お金」を国民に配った分だけ、お金の価値が下がるからである。だから、「お金」を配れば配るほど、「物」の値段が上がるという結果になるのだ。

ロシア（サハリン＝樺太）から日本（首都圏）まで天然ガスのパイプラインを引くべきだ。たったの1400キロである。そのほうがずっと輸入効率がいい。田中角栄（1918〜1993）の時代から受け継がれる、日本の大きなエネルギー戦略である。

しかし日本の政治家も官僚も、アメリカが怖くて決して口に出せない。

これを唯一、日本人のエネルギー戦略家として、はっきりと書籍で書いて訴えているのが藤和彦（ふじかずひこ）氏である。藤氏は、日本のエネルギー系の元官僚である。『シェール革命の正体　ロシアの天然ガスが日本を救う』（藤和彦、ＰＨＰ研究所、2013年刊）という著作の第5章で、この主張を明快に主張した。日本の他の評論家たちは、怖いから黙っている。

アリババの創業者ジャック・マーも、日本で「海外資産保全」をやっている

中国の巨大ＩＴ企業（ビッグテック）であるアリババの創業者ジャック・マーが、世界各国で出没している。中国の国外で「資産保全」をやっているのである。

ジャック・マーは、中国最大の巨大ネットショップ「淘宝（タオバオ）」の創業者である。その傘下に、日本のスーパーやコンビニでも良く見かける「アリペイ Alipay（支付宝）」という決済アプリを開発したアリババの金融部門、アント・グループがある。

ジャック・マーは、コロナが始まった直後の2020年10月、上海での金融フォーラムのイベントで、20分ほど挨拶の公演をした。そこで唐突に、中国が受け入れている国際金融規制の「バーゼル合意」を老人クラブであると批判し始めた。これを、中国政府の金融システムや金融当局が旧態依然としていることへの批判だと、習近平政権がとらえた。それで、習近平の怒りを買ったと言われている。あらかじめ用意してあった、紙の原稿を読み上げていたそうだ。

これで、その翌月の11月5日に予定されていた、デジタル決済アプリ「アリペイ」のアント・グループのニューヨークの株式市場への上場が、急きょ、中止になった。

実際はこれ以前から、ジャック・マーはトランプ大統領と仲良く会談して、アメリカに100万人の雇用を創出すると約束するなど、世界の要人たちとの「非公式外交」を続けていた。このせいで中国政府からは目をつけられていた。

何よりも、アリババグループの傘下にあるスマホ決済アプリである「アリペイ Alipay 」が、その利用者数を12億人にまで増やした。中国の銀行業界までもおびやかす存在になっていた。中国の人口14億人の85パーセントにもなる。

中国政府が開発し、いま普及させようとしている「デジタル人民元（レンミンビ）」ともバッティングする。中国政府は、ジャック・マーのアリペイのネットワークや利用顧客を、「デジタル人民元」のなかに取り込むつもりなのである。

だから、習近平はジャック・マーに、これ以上世界で勝手な動きをするな。いまアメリカで上場などしたら、アリペイのデジタル決済の技術や顧客データがアメリカ政府の手に渡ってしまう。危ない。もうおとなしくしろ。そう言ったのである。

ジャック・マーはすでに、アリババの会長を２０１９年の時点で辞任している。２０２０年の9月には取締役も退任した。いまは保有比率5パーセントに満たない大株主である。「アリペイ」のアント・グループの株も、６・２パーセントしか持っていない。

そのジャック・マーが昨年、密かに日本に来ていた。日本に滞在する中国人の資産家たちは、銀座にある「会員制クラブ」を活動拠点にしている。ここに、ジャック・マーも顔を出していた。

ジャック・マーは、プライベートジェットでたくさんの現金を運んで、日本で絵画を買ったようだ。日本の不動産も買っている。軽井沢に持っていた別荘は、親友のソフトバンクの孫正義にプレゼントしたそうである。日本に住む中国人の間では、よく知られた話だ。

アリババの創業者で、中国政府にトップの座を追われたジャック・マーは、昨年密かに日本に来ていた。世界各国でも出没している。中国国外で「資産保全」をやっている。

ジャック・マーは、「資産保全」のためだけに日本に来たのではない。長年のビジネスパートナーであるソフトバンクの孫正義に、アリババが「アリ・ペイ」で開発した「デジタル通貨」の技術を引き継ぐのである。それを「デジタル日本円」の開発に使わせる。この２人は、日中両政府の意向を受けて、銀座で会っていたはずだ。

もちろん、ジャック・マーの場合、資産保全以外の目的でも資金を外国へ動かし、自らも動き続けている。

それは、中国政府が進める「デジタル人民元」が、孫正義のソフトバンク日本(ジャパン)のデジタル決済アプリ「ペイペイ PayPay 」と密かにタイアップしているからだ。

ジャック・マーは、本当は中国政府から差し向けられたのだろう。日本の孫正義と、デジタル人民元の今後の日中での展開の話をするためにである。そうでないと、中国から資金を持ち出して、日本で悠々と散財はできない。

日本政府はこれから、マイナンバーを国民の所得と資産を管理する「国民の背番号」として利用する。日本円という通貨も、「デジタル円」になる。ジャック・マーのアリババの金融子会社のアント・グループが開発した「アリペイ」のスマホ決済やデジタル通貨の技術を、日本政府が孫正義を介して使うということなのだ。スマホ決済のシェアが日本で一番の「ペイペイ」を「アリペイ」の技術とノウハウを受け継ぐ日本の受け皿として使うのだ。それで、日本の財務省と組んで「デジタル円」の開発に利用するのである。

中国では、2大スマホ決済の「アリ・ペイ」と「ウィチャット・ペイ」が、いずれ中国政府が開発した「デジタル人民元」に吸収され統合されて行く。同じように、日本では、「ペイペイ」や「楽天ペイ」「ドコモd払い」「ａｕペイ」などが、すべて「デジタル円」（CB

ＤＣ、中央銀行デジタル通貨）へと一体化されて行く。

こうして国民の資産はすべて政府と紐づけになる。どんな支払いも、取引決済も、資金のやり取りも、お金の流れはなんでもガラス張りになるのである。

だからあなたは今のうちに、資産の半分を外国に移して、「実物資産」で保全するしかない。そうやって初めて、日本政府が発行する「デジタル円」でも追跡されない。徹底してプライバシーの権利を守り抜くのだ。そのために闘い抜くのである。

●「アリババ創業のジャック・マー氏、東京に半年　銀座の会員制クラブ拠点と報道」

中国の電子商取引最大手アリババグループの創業者、馬雲（ジャック・マー）氏が、東京の都心で半年近く暮らしていると英紙フィナンシャル・タイムズ（ＦＴ）が報じた。同氏の所在を直接知る複数の関係者からの情報を引用した。

関係者が同紙に語ったところでは、馬氏は日本に家族と共に滞在しており、この間地方の温泉やスキー場にも足を延ばし、米国とイスラエルにも定期的に出張した。馬氏はソフトバンクグループの孫正義会長兼社長の親しい友人としても知られる。

ＦＴ紙によれば、馬氏は専属の料理人と警備スタッフを同行させ東京で目立った行動を避け、公の場での活動も最小限にとどめている。同氏が熱心なコレクターになったという日本の現代美術関係者の証言や水彩画を描くようになったという友人らの話も同紙は紹介した。

同紙によると、東京・銀座と皇居を臨む丸の内にある会員制クラブが馬氏の社会活動の中心。銀座の会員制クラブは活発だが目立たず、東京に定住するか長期滞在する中国人富裕層が活動拠点にしているという。

アリババとアント・グループの中核的な電子商取引テクノロジー以外で、サステナビリティー分野に事業の手を広げるため、馬氏は日本での滞在時間を費やしたとＦＴ紙は伝えた。（中略）

馬氏は中国当局の規制を批判したことで苦しい立場に置かれ、アリババ傘下のフィンテック企業アント・グループの新規株式公開（ＩＰＯ）は中止となった。中国でＩＴ業界などへの締め付けが強まる中で、同氏は公の場に姿を現す機会が少なくなり、動向が注目されていた。

（ブルームバーグ、２０２２年11月30日）

徴税と食料配給のための「マイナンバーカード」

最近は、「マイナンバー」に関する記事やチラシやイベントを、あちこちのメディアや金融機関、スーパーなどいろいろな場所で見かけるようになった。政府が動くと、こういう大々的な動きができる。

先にも書いたとおり、岸田政権は、アメリカに言われて「防衛費」を2倍にしなければならない。そのために、どうしても税収を増やさなければならない。だから、このタイミングで、「マイナンバーカード」をもっと完全に、普及させようとしている。マイナンバーで国民の「所得」を漏(も)れなく管理して、漏(も)れなく「税金」を取る。

しかし、もうひとつ「マイナンバーカード」の重要な目的がある。それは、日本国民に対する、食糧や燃料、生活必需品の「配給制度」を準備することである。これまで書いてきたとおり、世界はすでに戦時体制の「統制経済」（コントロールド・エコノミー）の段階へと向かっている。

ヨーロッパでは寒い冬場も、異常気象で夏がひどく暑くなるときも燃料は不可欠である。ロシアからの天然ガスパイプライン「ノルドストリーム1・2」が、ヨーロッパへの天然ガス供給の4割を占めていた。夏のエアコンにも、天然ガスで発電された電気が必要である。それなのに、ドイツもフランスもイギリスも、ロシアから天然ガスや石油を輸入することをやめた。ロシアに対する「経済制裁」のためだ。

アメリカが、テキサスあたりで採れるシェールガスを液化して、わざわざタンカーで大西洋を渡ってヨーロッパに売っている。しかし、価格はロシアからの天然ガスの数倍である。それでも、ヨーロッパの国々は天然ガスが必要なので、ロシアからもパイプラインで天然ガスを買い続けていた。支払いはルーブルで決済していた。するとアメリカは何をやったか。何と、ロシアからの天然ガスパイプラインのノルドストリームを、爆破してしまった。以下の記事の通りだ。

●「ロシア、ノルドストリーム爆破の真相解明要求」

［モスクワ　9日　ロイター］ロシアのペスコフ大統領報道官は9日、海底パイプライン「ノルドストリーム」で昨年起きた爆発について、米調査報道記者のシーモア・ハーシュ氏がブログで米政府の関与を示唆したことを受け、真相を解明した上で責任者を罰するべきと述べた。

ロシア産天然ガスを欧州に輸出するノルドストリームで昨年9月26日に発生した爆発について、ピューリッツァー賞受賞記者のハーシュ氏はブログで、匿名の情報筋の話として、バイデン米大統領の命令を受け、米海軍のダイバーが爆発物を使用してパイプラインを破壊したと伝えた。

まず「税金」をもれなく取るために、国民の全員に「マイナンバーカード」持たせる。それだけではない。戦争が始まったときに「食料配給」をするためである。

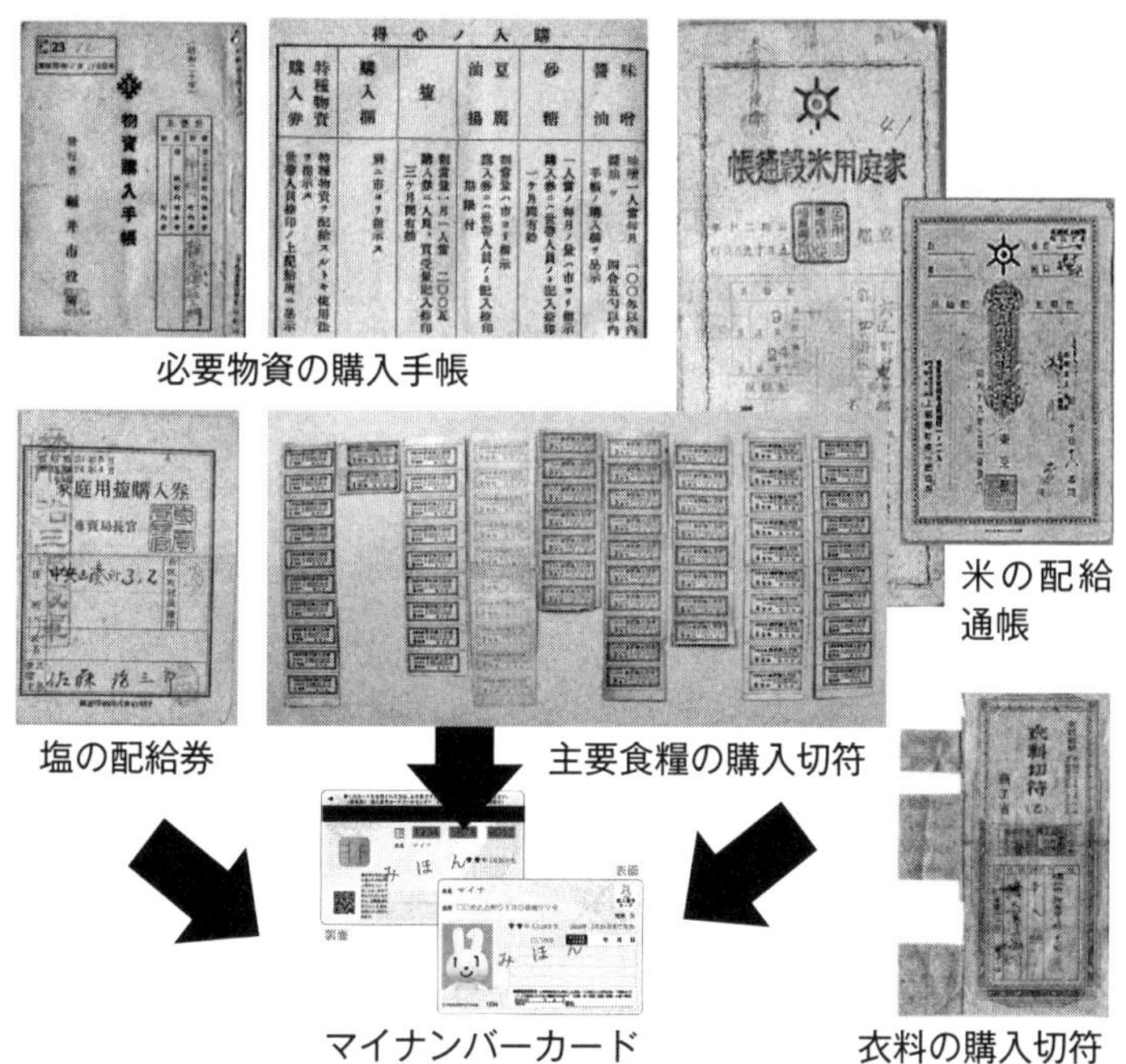

必要物資の購入手帳

米の配給通帳

塩の配給券

主要食糧の購入切符

マイナンバーカード

衣料の購入切符

1940 ～ 1950 年の間に国民に配られた、生活必需品などの配給券や通帳

戦争や災害、パンデミック、金融危機など、あらゆる緊急事態で、食料供給の寸断、燃料不足、日用品の品切れが起きる。そのときに「マイナンバーカード」があれば、効率的に人々を識別できる。国民にできるかぎり公平に、食料と燃料と生活必需品を配給できる。「マイナンバーカード」がそのまま「食料配給カード」になる。

ロイターはこの情報を確認できていない。米ホワイトハウスは「全くの虚偽」としている。

これについてペスコフ報道官は記者団に対し、ブログを第一の情報源として扱うことには注意が必要としながらも、「分析の深さが際立っている」とし、これを看過するのは「不公平」と指摘。ハーシュ氏のブログ記事は注目されるべきで、西側の報道機関が十分に報じていないことに驚いていると述べた。

その上で「誰がこの破壊行為を行ったのか、真相を解明する必要がある」と指摘。「国際的な重要インフラに対する攻撃について開かれた国際的な調査が必要」とし、責任の所在を明らかにし、罰する必要があると述べた。

ハーシュ氏は「米国はいかにしてノルドストリーム・パイプラインを破壊したか」と題したブログ記事で、2021年に米国の最高レベルで破壊計画が策定されたと指摘。中央情報局（CIA）の作業部会がパイプラインに爆発物を設置する秘密作戦を作成したとした。

このブログが掲載されて以来、ロシア当局者は相次いで回答を要求。

（ロイター、2023年2月10日）

これで、「いつまでもロシアからガスを買い続けるな！　アメリカ産のガスだけ買え！」と、アメリカがドイツやフランスを脅したのである。米海軍が、ノルドストリームが海底を這っているバルト海での軍事演習中に爆発物をしかけたのである。アメリカという国は、どこまでも無茶苦茶なことをする。

各国の政府は、国民が食料不足や燃料不足に陥らないよう、上手に管理しなければならない。怒り狂って暴動を起こさないよう、効率的にすみやかに、最低限の「食料」と「燃料」だけは、国から配給し続けなければならない。そのための「サプライチェーン」「配給制度」が必要なのである。日本だってほんの78年前の戦時中まで、国民全員が、国からの「食糧配給」を受けて暮らしていた。それでも間に合わないから、「闇市」（ブラックマーケット）もたくさんあった。

日本は、周りを海で囲まれているから、どこでも魚は取れる。農家もたくさんいて、農作物もよく取れた。だから、近所の地元の八百屋、魚屋、豆腐屋などがあって、個別に仕入れて商売をしていた。政府が、食料の供給ルートを統制しようとしても、闇市は自然にできあがった。国民はそれで、戦争で困窮した食料や燃料不足の危機を生き延びた。

しかし現代は、個人営業の店が急激に減った。地方の駅前通りや、住宅街の一角に必ずあった商店街が、みな閉店してシャッター通りになった。残るは、イオンモールとイトーヨーカドーと、セブンイレブンやローソンなどのコンビニエンスストアである。このコンビニとスーパーが、全国の地方都市から小さな市町村にまで、くまなくチェーン展開している。どこに行っても必ず、セブン・ホールディングスかイオン系列のスーパーとコンビニだけは必ず営業している。

日本政府は、この全国の市町村に張り巡らされた、スーパーとコンビニのサプライチェーンネットワークを、緊急時に「国民へのライフライン」とする構想である。災害や戦争などあらゆる緊急事態で、食料供給の寸断、燃料不足、日用品の品切れが起きる。電気や水や通信機能も遮断される。だから、コンビニとスーパーが、国民の「ライフライン（補給路）」になるのである。

そのときマイナンバーカードがあれば、効率的に国民を識別（しきべつ）できる。国民にできるかぎり公平に、食料と燃料と生活用品を配給することができる。これも、社会保障制度の延長である。

だから、こうした緊急事態下の配給制度として、社会保険、医療保険、介護保険など社会保障制度と結びついた「マイナンバーカード」が、そのまま食料の配給カードとしても転用されるようになる。

しかし、である。これを国民に説明することも、同意、合意を得ることもなしに、ただ保有することを呼びかけるだけではいけない。

岸田政権は、「マイナンバー」を導入する真の目的を、正確に正直に、私たち国民に説明するべきだ。

あとがき

私はこの3月、ついに香港へ降り立った。3年2ヶ月ぶりであった。長い「コロナ規制」が、やっと明けた。なんと香港はすでに、本土の中国人や外国人観光客であふれていた。荒廃して閑散とした、香港のようすを想像していたので、私は本当に驚いた。香港市内をずっと見て回ったが、どこも大勢の人で、すっかりコロナ前の混雑とあの騒がしさに戻っていた。

香港に入国するために、もう「隔離期間」も「直前のPCR検査」も、「ワクチン接種証明」の提示も、必要がなくなった。マスクも着けなくていい。規制はゼロである。しかしこれは、今回、現地へ入って初めて分かった。いまでも日本で手に入る情報には、香港へ入国するためには「直前の48時間以内に、PCR検査を受けた陰性証明の提示が必要」と書かれている。これは間違いである。

もう香港入国のために事前のPCR検査も受けなくていい。香港人の友人が、「その規制はついこのあいだ撤廃されたよ」と教えてくれた。やはり、自分で現地へ足を運ばなければいけないのである。

それでもまだ、私たち日本人は、日本へ帰国するためのＰＣＲ検査を、香港の現地で受ける必要が残っている。ワクチンを３回以上接種している人はもういらない。香港のＰＣＲ検査は、現地にあるクリニックで唾液検査で簡単にできる。これももうすぐ、要らなくなる。

こうしていよいよ、香港へ自由に行けるようになった。日本の資産家は、いまから急いで資金を携えて外国へ向かうべきだ。

親しくしている香港の銀行員が、この日、中国人の客が、アメリカの銀行口座から一気に５０００万ドル（いまのレートで約66億円）を香港の口座へ戻したよ、と驚きながら教えてくれた。

これはもちろん、たったひとりの中国人の資産家の話である。つまり、これは「氷山の一角」である。今まさに、アメリカから香港への資金引き揚げが、莫大な規模で起きているということだ。もちろん大手メディアは報道しない。

中国人ばかりではない。世界の非・欧米西側諸国の資産家たちも、ものすごい額でアメリカから資産を引き上げている。アメリカの銀行は、資金流出への対応で、戦々恐々の緊急事態の真っただ中にあるのだ。

だから香港は、元気なのである。欧米が仕組む「ウクライナ戦争」とアメリカ発の「金融危機」から逃れて、世界の資産家のお金がどんどん集まっている。とくに「新興国」と「資源国」の資産家たちが、アメリカとスイスから預金を急いでアジアへ移している。香港やシンガポール、タイ、マレーシアなどの東南アジアの国々に、かなりの勢いで流れ込んできている。

この流れは、昨年、2022年の後半にまず、東南アジアで最初に始まっていた。私は、昨年の6月から何度もタイやシンガポールを訪れるうちに、このことを実感した。だから、「非・欧米諸国」である東南アジアの国々も、そのほかの世界の「新興諸国」も、今年に入ってますます元気なのである。

タイ人もマレーシア人も東南アジアの人びとは、まだ明るく安定した気持ちで、経済成長を続けている。彼らアジアの人たちは、コロナからの回復と経済の復興、さらなる成長を目指して前向きである。

何とか日本人に、この東南アジアの現実を見てもらいたい。私は、切に願っている。日本を出て、元気なアジアから日本を見ると、日本に足りないものが何か、気がつく。

まず日本人はマスクを外して、元気に輝く、弾けるような笑顔を、みんなで取り戻すべきだ。今年、2023年から、私たち日本人は、アジアの新興諸国から前向きなエネルギーを受け入れて、一緒に良い方向へ向かう「転換」を始めるべきだ。

「戦争」と「金融操作」ばかりに明け暮れる西側、欧米英諸国ではなく、アジアの国々と歩調を合わせて、いまのこのコロナで疲弊した社会から復活して行くべきである。

いまの世界は「ブロック化」し始めた、と言われる。しかし、本当の正確な世界の実態は「ブロック化」ではない。冷戦時代の「西側 vs 東側」の対立でもない。もっと素朴で、しかし人類の歴史の根源にかかわる「欧米西洋白人」と「非・欧米白人」との、大きな対立である。

新興国の国民たちは、みな以下のように考え始めている。

「アメリカは危ない。何をしでかすか分からない。私たちのことなど考えていない。世界の安全や平和、国際経済の安定など、もう気にも留めていない。アメリカ政府の権力者たちは、生き残りのために、ほかの国を犠牲にすることを平気でやる。もうこれ以上、アメリカの悪だくみに巻き込まれるな。私たちは大きく団結するべきだ。サウジとイランのようにお互いがみ合っている場合ではない。彼らもすぐに手を結んだ。私たち新興国は、これから経済発展を成し遂げる。生活レベルで先進国に追いつくのだ」

こういう考えが、アジア・ユーラシア諸国と中東、中米・南米、アフリカ諸国の人々の意識のなかで、大きく急速にまとまりつつある。

私はこの事実を、コロナ明けの東南アジアと香港を10回訪れて、強烈に感じ取った。

いまの世界の大きな分断、対立の構造は、もうここまで来ている。有色人種（つまり、色付き人種＝カラード・ピープル）どうしであれば「非・西洋白人」という大きな共感で、国籍を問わずに共闘していける。

この「空気」が、いま、世界のすべての非・欧米の新興諸国の間で生まれつつある。日本人は、これに続くべきだ。

このたびも、秀和システムの小笠原豊樹編集長に、多大なるお手数をお掛けいたしました。小笠原編集長と副島隆彦先生の厳しいご指導に、心から御礼を申し上げます。

2023年4月9日

根尾知史

●著者問い合わせ先　piaport8@outlook.com

■監修者プロフィール

副島隆彦（そえじま たかひこ）

評論家。副島国家戦略研究所（SNSI）主宰。1953年、福岡県生まれ。早稲田大学法学部卒業。外資系銀行員、予備校講師、常葉学園大学教授等を歴任。主著『世界覇権国アメリカを動かす政治家と知識人たち』（講談社＋α文庫）、『決定版 属国 日本論』（PHP研究所）ほか著書多数。

■著者プロフィール

根尾知史（ねお ともし）

1972年、北海道生まれ。一般企業に勤務後、渡米。ミズーリ州ウエブスター大学で経営学修士（MBA）、国際関係学修士（MA）を取得。帰国後、外資系金融企業を経て独立。国際的な情報のリサーチ業務、海外進出のコンサルティングを行う。著書に『政府が狙う！あなたの個人資産を何があっても守り抜け!!』（秀和システム）がある。
Eメール：piaport8@outlook.com

大恐慌と戦争に備えて
個人資産の半分を外国に逃がす準備を！

発行日　2023年　5月　1日　第1版第1刷
　　　　2023年　8月　4日　第1版第3刷

著　者　根尾　知史
監修者　副島　隆彦

発行者　斉藤　和邦
発行所　株式会社　秀和システム
〒135-0016
東京都江東区東陽2-4-2　新宮ビル2F
Tel 03-6264-3105（販売）Fax 03-6264-3094
印刷所　日経印刷株式会社　Printed in Japan

ISBN978-4-7980-6912-8 C0033

定価はカバーに表示してあります。

乱丁本・落丁本はお取りかえいたします。

本書に関するご質問については、ご質問の内容と住所、氏名、電話番号を明記のうえ、当社編集部宛FAXまたは書面にてお送りください。お電話によるご質問は受け付けておりませんのであらかじめご了承ください。